ふるさと再発見の旅

近畿2

清永安雄 撮影

産業編集センター

ふるさと再発見の旅　近畿２

ふるさと再発見の旅　近畿2　目次

奈良県

三重県

和歌山県

奈良

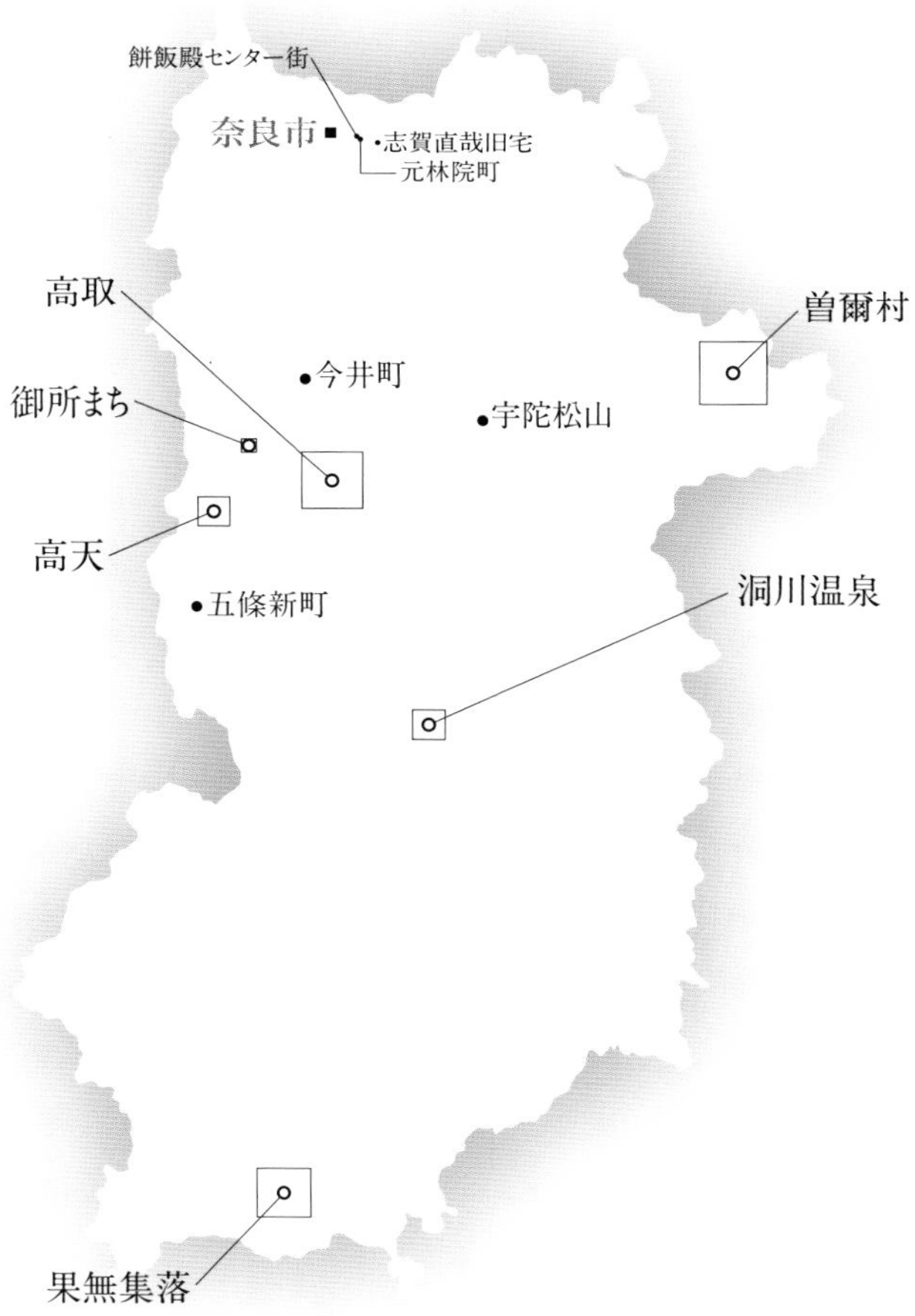
餅飯殿センター街
奈良市
志賀直哉旧宅
元林院町
高取
曽爾村
今井町
御所まち
宇陀松山
高天
五條新町
洞川温泉
果無集落

高取《たかとり》（高市郡高取町）

帰郷が叶わなかった土佐人の無念が残る「土佐街道」

高取は飛鳥地方の南に位置する城下町である。中世には壺阪寺《つぼさかでら》の門前町として栄えていたが、江戸時代になって高取藩二万五千石の城下町となった。

高取城は麓からの高さが四四六メートルあり、近世の城郭としては日本一の高低差があることで知られる。また、美濃岩村城、備中松山城と共に、日本三大山城の一つに数えられる名城でもあった。

城下町の町並みは、近鉄吉野線の壺阪山駅から高取城址のある高取山に向かう全長約二キロの道に沿って形成され、通称「土佐街道」と呼ばれている。だが、なぜこのメインストリートが「高取」でも「壺阪」でもなく、遠い四国の地名である「土佐」なのか。それにはこんなエピソードが残っている。

——六世紀の初め、大和朝廷の都建設の労役として、四国の土佐から多くの労働者がこの地に召し出された。任務が終わって土佐に帰ろうとしたが、朝廷は帰りの費用は出してくれず、帰郷できない人々はここに残るしかなかった。再び故郷の地を踏むことをあきらめた彼らは、せめてもの慰めにと、この地を「土佐」と名付けた。時が過ぎ、高取城の城下町となってからも、人々はここを「土佐」と呼び、この道はいつしか「土佐街道」といわれるようになった――

高取城は高い山上にあり、城の周囲で暮らすには不便だったため、藩主をはじめ家臣たちの屋敷はすべて、街道筋に移された。そのため土佐街道は高取きっての繁華街となり、最盛期には油屋、鋳物屋、呉服屋など、五百軒を超える商家が軒を連ねていたという。

旧城下町の町並みは今もそのままの町割りで残っている。石畳の道路と、脇を流れる用水路が爽やかな水音をたて、その両側に連子格子や虫籠窓などを備えた二階建ての町家が軒先をそろえて建ち並ぶ。

江戸時代の風情を感じさせる、しっとりとした味わいのある風景である。

史跡高取城跡　大手道登城案内図

難攻不落といわれた名城「高取城」。
石垣はほぼ当時のまま残されている

高取こぼればなし

『壺阪霊験記《つぼさかれいげんき》』

お里沢市《さとさわいち》の物語

大宝三（七〇三）年に壺阪寺が建立されて以来、高取は門前町として発達した。壺阪寺は眼病封じの寺として知られ、明治になって、浄瑠璃や歌舞伎の人気演目『壺阪霊験記』の舞台としても有名になった。その物語とは——

今から三百年ほど前。盲人の沢市は琴や三味線を教え、女房お里は内職をして、貧しいが仲睦まじく暮らしていた。そんな沢市に、ある疑惑が浮かんだ。お里が毎晩真夜中になると床を抜け出して出かけることに気づいたのだ。「もしや好きな男でもできたか」と疑い、悩みに悩んだ末、お里を問い詰めた。するとお里は、沢市の目が治るよう、三年もの間、毎日欠かさず壺阪寺の観音様にお参りをしていることを打ち明けた。

沢市は、そんな妻を疑った自分を恥じ、また盲目ゆえにお里に苦労をかけていると自分を責める。そして、二人で一緒に壺阪寺に参りに行ったとき、先にお里を帰して谷に身を投げる。

不吉な予感がして壺阪寺に戻ったお里は、谷底で死んでいる沢市を見つけ、自らも後を追うのだった。この一部始終を見ていた観音様は、その夫婦愛に打たれ、二人を生き返らせた。そして沢市の目も開眼したのである――

壺阪寺の本堂横には、お里と沢市が身を投げたと言い伝えられる谷があり、隠れた観光名所になっている。

投身の谷の上に立つお里沢市の像

中をくぐると眼病に効果があるといわれる巨大メガネ

国指定重要文化財の三重塔

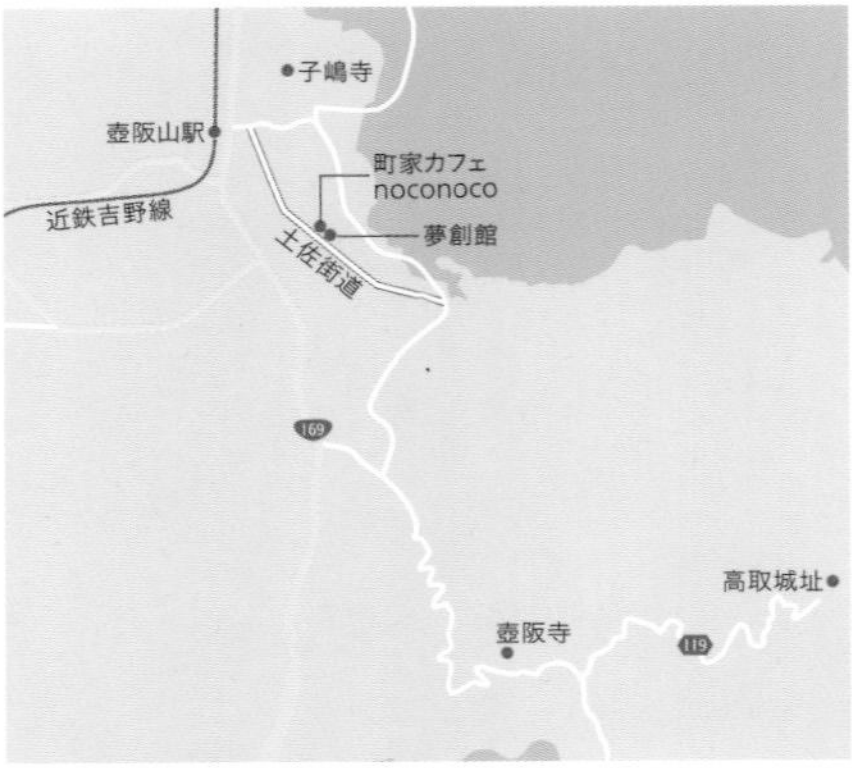

★高取土佐町並みへの行き方
近鉄壺阪山駅より徒歩約10分
（壺阪寺へは壺阪山駅よりバスで約12分）

★夢創館
住所：高市郡高取町上土佐20-2
電話：0744-52-1150
開館時間：9：30〜16：30
定休：月曜日

おすすめランチ

●のこのこランチ

戦前の米蔵を改造したカフェ「noconoco」の看板メニュー。多品目の野菜を中心としたヘルシーなランチで、女性にも人気が高い。惣菜の内容は月替り。

「町屋カフェnoconoco（のこのこ）」
高市郡高取町上土佐57

たかとり城まつり
（たかとりしろまつり）

日本百名城にもその名を連ね、日本一の山城との異名も持つ高取城。今は建物はなく石垣しか残されていないが、当時の威容を偲び、城下町一帯を舞台に繰り広げられる高取の秋の風物詩が「たかとり城まつり」だ。火縄銃の実演や殺陣の披露のほか、鎧武者や奴隊に扮装した町民が風情ある土佐街道を練り歩く時代行列が催され、来場者を魅了している。

開催時期
毎年11月23日
開催場所
高取城城下町一帯

写真提供：高取町観光協会

曽《そ》爾《に》村《むら》（宇陀郡曽爾村）

別名「ぬるべの郷」日本の漆塗り発祥の村

曽爾村は奈良県の東北の端、三重県との県境に接する村である。「ソニ」とは変わった名だな、と思い、村役場に行って村名の由来を訪ねてみたところ、あまりその手の質問をする観光客はいないらしく、観光課の方が分厚い本を出してきて調べてくれた。

それによれば、「ソニ」は「ソネ」と同義語で、「ソ」は石、「ネ」は丘陵地のこと。つまり、石ころの多い肥沃な土地、という意味だそうな。ちなみに「ソニ」の地名は『古事記』や『日本書紀』にも登場し、すでに奈良朝時代には実在していたというから、かなり長い歴史を持つ村なのである。

だがこの村の一番の魅力は、その雄大な自然美だろう。村の大半が山地で室生火山群に属し、西側には鎧岳《よろいだけ》、兜岳《かぶとだけ》、屏風岳《びょうぶだけ》といった珍しい柱状節理の岩山が屹立し、その美景は国の天然記念物に指定されている。また、曽爾高原はススキの名所で、秋は一面のススキ野原となり、山々の紅葉との対比が美しい。

ところで、曽爾村には「ぬるべの郷」というもう一つの名前がある。ぬるべとは漆塗りのこと。古文書によれば、景行天皇の皇子・武皇子（「日本書紀」では日本武尊）が宇陀の阿貴山に猟に行った時、木の枝を切ると、その木汁で手が黒く染まった。その汁を取って持ち物に塗ったところ、美しく染まったので、この曽爾の郷に漆塗造《ぬるべのみやつこ》を置いた。これが日本のウルシの始まりと言われている。

以後、ぬるべの人々は漆の原汁を採取して奈良・平安朝の朝廷に奉っていた。曽爾村の中心にある門僕《かどふさ》神社の前にぬるべ橋という橋があるが、そこを渡った川向こうには、近代までぬるべ達の屋敷が残っていたそうだ。

曽爾村には、大昔から漆の木が数多く自生し、長年、漆塗りの原料に困ることはなかった。だが近年、林業が盛んになるにつれ、雑木林を伐採して杉や檜が植林されるようになった。曽爾村も例に漏れず、漆はほとんど伐採され、現在ではわずか十一本しか残っていない。このことに危機感を覚えた地元の有志たちが、村の共有地を使って漆文化を復活させようと、平成十七年から漆の木の植栽を始めたという。

元々自生していた樹木を植栽で増やすのはなかなか難しいもの。途中で枯れたり、鹿に食べられたりで厳しい状態が続いているそうだが、是非とも頑張って「ぬるべの郷」を復活させてもらいたいものである。

TOILET
800m

ススキが斜面を覆う曽爾高原

おすすめランチ

●猪丼

名所「鎧岳」の前にある人気の民宿「2・7」の食事処。野趣溢れる猪肉を使った猪丼は、石焼ビビンバ風にアレンジされたこだわりの逸品。

「お食事処2・7」
宇陀郡曽爾村今井1341-1

★曽爾村への行き方
近鉄名張駅よりバスで約45分
曽爾役場前下車
名阪国道針ICから車で約45分

著名人の旧宅を訪ねて

志賀直哉旧居
自ら設計し『暗夜行路』を書き上げた家

人生で二十回（三十回ともいわれる）以上転居を繰り返した志賀直哉は、大正十四年、京都から奈良に移り住み、その四年後、奈良公園に隣接する高畑に土地を買い、自ら設計して家を建てた。そして昭和十三年に東京に移るまでの九年間を、家族と共にここで暮らした。名作『暗夜行路』はここで完結した。

建築様式は伝統的な数寄屋造りだが、洋風と中国風の様式も取り入れ、サンルームや娯楽室、ダイニングルームなども備えたモダンな造りで、二階からは若草山や奈良公園の美しい眺望も楽しめる。

家で過ごす時間の多い家族の健康を考え、夫人と子供たちの部屋は日当たりと風通しの良い東南角に置く、子供たちがぶつかってもよいように壁に腰板を貼るなど、家族思いで人道主義者の作家らしい配慮が、隅々まで感じられる家である。

直哉の書斎。六畳の洋室で庭が一望できる

住所 奈良市高畑町1237－2
電話 0742－26－6490
開館時間 3―11月　9：30～17：30
12―2月　9：30～16：30
入館料 350円
休館日 年末年始

御所《ごせ》まち（御所市）

古民家百数十軒
江戸時代の絵図と変わらぬ町並み

「御所」は一般に「ごしょ」と読み、天皇などの邸宅を指すのだが、奈良県の御所市は「ごせ」と読む。地名の由来は諸説あり、むかし市内を流れる葛城川《かつらぎ》に五つの「瀬」があったから、という説が有力らしいが、ではなぜ「五瀬」にせず、格式高い「御所」の字を当てたのか、については不明である。

御所市の中心市街地は、通称「御所まち」と呼ばれ、葛城川を挟んで西岸が商業都市の「西御所」、東岸が円照寺の寺内町の「東御所」の二つの町に分かれている。西御所は江戸時代、大和絣《かすり》などの木綿織業をはじめ、菜種油や運送、醸造、旅籠などさまざまな商家が建ち並ぶ市場町だったが、元は一万二千石の御所藩の城下町。町割りは碁盤の目状に整備され、今も城下町の遺構があちこちに残っている。

奈良県には、重伝建に指定されている「宇陀松山」「今井町」「五條新町」といった規模の大きい古い町並みがあるが、御所まちもそのスケールの大きさと伝統的建築物の多さでは、それらに決して引けをとらないと思う。何しろ、江戸時代の寛保二（一七四二）年の絵図と比べても、町割りがほとんど変わらず、江戸から昭和初期に建てられた町家が百数十軒も残っている。背割下水という、家と家の間を流れる水路も、ほぼ当時のままだそうだ。

家並みを眺めていて特徴的なのは、どの家も間口がかなり広く、建物が大きく見えること。京都などの町家は間口がひたすら狭く、奥へ奥へと伸びるうなぎの寝床のような造りが多いのに比べると、実にゆったり、広々としている。これは京都が「間口納税」なのに対し、奈良は「敷地納税」だったため。税制によって町並みも変化する、という例だ。

最後に、御所のトリビア的知識をひとつ。

日本で最初の甘柿は、江戸時代初期にここ御所で生まれた。「御所柿」とも「やまとがき」とも呼ばれるこの柿は、すべての甘柿の原種で、当時、天然の羊羹ともてはやされた。長く柿の極上品として幕府や皇室にも献上されていたが、栽培が難しく、近年ほとんど生産されなくなった。

だが平成十八年からこの「幻の柿」を復活させようという取り組みが始まり、現在、少しずつだが市場出荷が始まっているそうである。

純米
酒かす
販売中

マルフク
0745-52-9999
振込ローン
23-4444

御所こぼればなし

『野口神社』

役行者《えんのぎょうじゃ》に恋した娘

御所市の蛇穴《さらぎ》地区に、野口神社という小さな社がある。ここに役行者にまつわる面白い伝説が残っている。

今から千三百年ばかり前、役行者は、茅原の郷から蛇穴の道を通って、雨の日も風の日も毎日葛城山へ修行に通っていた。当時、河内から茨田《まんだ》の長者という大金持ちが蛇穴に移り住んできた。長者にはそれはそれは美しい娘がいたが、あろうことかその娘が役行者に恋をしてしまった。

娘は彼の気を引こうとするが、全く相手にしてくれない。思い余って、ある日そっと近づいていきなり抱きつこうとした。驚いた役行者は思わず持っていた棒で娘を叩いてしまう。娘は怖い顔をして森に逃げたかと思うと、突然大蛇に変身し、火を吹きながら行者を追いかけてきた。行者は驚いて持っていた味噌汁をぶっかけて逃げ帰った。

あとで村人たちと戻ってみると、大蛇はおとなしくなって井戸の中に身を潜めていたので、巨石で井戸を覆って大蛇を閉じ込めた。

この場所が現在の野口神社といわれ、この逸話から、毎年五月五日には邪気払いを祈る「汁掛祭《しるかけまつり》」という行事が行われている。

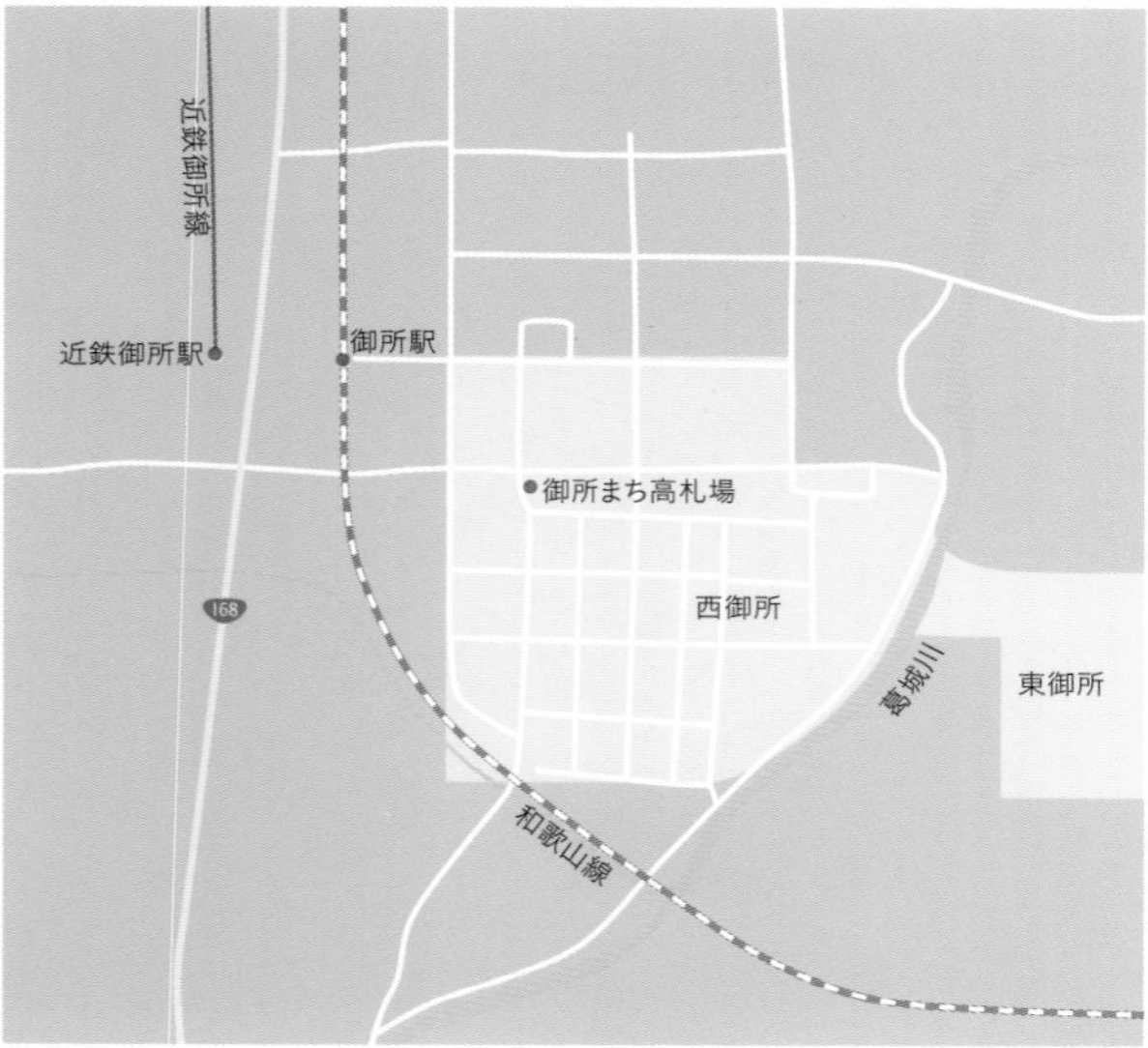

★御所まちへの行き方
JR御所駅または近鉄御所駅より徒歩
5分〜10分

御所まち霜月祭(そうげつさい)

江戸時代の風情が残る御所の町並みを舞台に、さまざまな催しが行われる「霜月祭」。御所まちに点在する歴史ある町屋の数々が特別公開される貴重な機会でもある。また、御所が修験道の開祖、役小角（役行者）生誕の地であることにちなんで、行者の装束を着けた山伏衆が法螺貝をふき鳴らしながら御所まちを練り歩く「山伏おねり」が行われる。全国から集まった修験者の行列は総勢約百人にも上り迫力満点だ。

開催時期 毎年11月第2日曜日
開催場所 御所まち一帯

写真提供：御所市観光協会

高天《たかま》（御所市高天）

御所の南の山ざとに
神々棲むと人の言ふ

樹齢数百年の老杉が生い茂る細い山道を抜けると、いかにも神さびた感じの古社が姿をあらわす。背後に鎮座する美しい円錐形の山を御神体とする「高天彦《たかまひこ》神社」である。祭神は「高皇産霊神《たかみむすびのかみ》」。『古事記』『日本書紀』で、天と地が分かれてすぐに誕生したとされている神で、この神の孫が、天界から地上へ天降《あまくだ》った「瓊瓊杵尊《ににぎのみこと》」である。天照皇大神《あまてらすおおみかみ》が統治し、神々が棲んでいたとされる高天ヶ原の伝承地は、この高天彦神社の前から広がっている台地のことだと伝えられる。神社から東北へ数百メートル行ったところに「史跡高天ヶ原伝承地」の石碑が建っている。

高天彦神社の御神体・金剛山は、古くは高天原山といわれ、平安時代には、天岩戸は葛城山にあったとする著述が残っている。高天ヶ原伝承地は各地にあるが、中世から少なくとも江戸時代初め頃までは、ここが高天ヶ原だと広く信じられていたようだ。

余談だが、この高天ヶ原の所在地をめぐっては昔からさまざまな説があり、それらは日本人が「日本神話」というものをどう解釈してきたかが知れて、なかなか興味深い。

江戸時代の国学者・本居宣長は「高天ヶ原は神々の住まう場所であり、そこは天上以外にない」という「天上説」。対する「地上説」は「日本神話は大和朝廷が日本の国を造る過程を神話として表現したものであり、高天ヶ原も実際にあった場所を表現している」というもの。

最後は、戦後主流となっている「作為説」。「神話は作られたものであり、高天ヶ原がどこにあったのか、などと考えるのは無意味」つまり「神代の話はすべて、後世の作為によるもの」とする説である。現代に生きる我々にとっては「作為説」がもっとも理に適っているように思えるが、まあ、そう言ってしまっては身もふたもない。もっと想像力を働かせて神代の世界を楽しもうじゃないか、という気持ちもどこかにある。決して正解の出ない謎を解く面白さ。それこそが歴史のロマンなのだから。

さて、では、神々がいたとされる御所市の高天集落とはどんなところなのか——のんびりとした田園風景が続く高天の里を歩いてみた。民家の数は少ない。一軒の敷地面積が広く、立派な長屋門のある豪壮な農家が多い。緑が豊かで花木が多く、静寂が支配する里——ここに神が棲んでいたと言われれば、なるほどな、と頷ける場所ではある。

杉の古木に囲まれた高天彦神社

★高天への行き方
近鉄御所駅よりバス約10分鳥井戸
下車徒歩約40分
京奈和道御所ICより車で約20分

★葛城の道歴史文化館
住所：御所市鴨神1126
電話：0745-66-1159
開館時間：10：00〜16：00
定休：月曜日

洞《どろ》川《がわ》温泉（吉野郡天川村）

鬼の子孫が開いた宿坊
今は人気の温泉街に

「修験道《しゅげんどう》」という宗教をご存知だろうか。山を聖域とみなし、山にこもって厳しい修業をすることで霊力を得、悟りをひらくことを目的とする、日本独自の宗教。よく時代劇に、白や黒の法衣を着て頭巾を被り、ほら貝を吹く「山伏」というのが登場するが、あれが修験道の行者で「修験者《しゅげんじゃ》」とも呼ばれる。

その修験道の創始者は、飛鳥時代の呪術者・役小角《えんのおづぬ》（別名・役行者）という人。六三四年に奈良の御所《ごせ》に生まれた実在の人物だが、さまざまな伝説に彩られ、今ではほとんど神格化されている。

さてこれは、その役行者にまつわる、実話と伝説が入り混じったお話。役行者には前鬼・後鬼《ごき》という二人の弟子がいた。二人は鬼の夫婦で、生駒山地に住み、人間の幼子を殺したりして村人に恐れられていた。そこで役行者が彼らの五人の子の末子を捕まえて鉄釜に隠し、子を殺された親の悲しみを味わわせた。二人は心を入れかえ、行者の弟子になる。行者は二人に、修験者たちの道案内をしたり宿の世話をすることを教え、それを子々孫々まで続けるように命じた。この仕事は代々受け継がれ、のちに二人の子孫は、大峯山の出入口にある村に、修行者のための宿坊をひらいた——。

話が長くなって恐縮だが、この宿場が、現在の洞川である。ちなみに、ここに温泉が湧出したのは一九七〇年代のこと。大峯山は現在まで女人禁制の山で、洞川に女性客が訪れるようになったのは温泉街になってから。しかもつい最近のことだという。標高八二〇メートル、秘境中の秘境にあったこの古い温泉街が、昭和レトロな町並みとして紹介され、それに合わせてここ数年、宿の整備も進み、人気の温泉地になった。

実際訪れてみると、最近まで知られていなかったのが不思議なほど、風光明媚で魅力的な街である。温泉街と言うより宿場町の印象が濃い。集落の中央を大峯山の参道が通り、その両側に二十軒ほどの二階建ての風情ある旅館が建ち並ぶ。どの軒先にも、修行者たちが腰を下ろしたり、たらいで足を洗ったりした縁側があるのが特徴で、今では観光客たちが思い思いに座って通りを眺めたり、ひと休みする場所に使ったりしている。

夜になると、縁側に吊るされた提灯に灯りがともり、街は幻想的な雰囲気に包まれる。浴衣姿でそぞろ歩きながら、温泉で熱した体を冷まし、古き良き温泉街の夜景を楽しむ——これは現代人にとって最高のぜいたくのひとつだと思うのだが、如何だろう。

銭谷小角堂
銭谷
小角堂

久保治
陀羅尼助
元商店

いろは
いろは
いろは

大峰山
洞川温泉源泉地

洞川こぼればなし

『陀《だ》羅《ら》尼《に》助《すけ》丸《がん》』
洞川で生まれた和薬の元祖

『陀羅尼助』とは、和薬の元祖と言われる漢方の胃腸薬である。伝承によれば、七世紀末、本書ではもうおなじみの役行者が、大峯山の山中に生えていたキハダなどを煮て、そのエキスを取って薬を作ったのが始まりとされる。

この不思議な名の由来は、この薬が非常に苦いため、僧侶たちが「陀羅尼助経」（サンスクリット語の「ダーラニー」を漢字にしたもので、仏教における経文の一種）という長～いお経を唱えるとき、眠気防止のために口に含んでいた、という逸話から名づけられたといわれている。

主原料はオウバク（黄柏）と呼ばれるキハダの樹皮と、ゲンノショウコやガジュツなどを精錬したもので、現在は飲みやすいように丸くして乾燥した『陀羅尼助丸』が販売されている。

食欲不振や消化不良、二日酔い、飲み過ぎ食べ過ぎなどに効果があり、副作用が少なく、穏や

かに効く生薬として人気がある。
温泉街には銭谷小角堂を始め、陀羅尼助丸の販売店が十五店舗もあり、洞川温泉の風物詩ともなっている。

おすすめランチ

●柿の葉寿し

洞川温泉のはずれにある柿の葉寿司専門店「柳豊」。酢でしめない、塩漬けの鯖を使用し、季節によって吉野産の朴の葉と柿の葉を使い分けている。他では味わえないここだけの味だ。

「柳豊」
吉野郡天川村洞川522

★洞川温泉への行き方
近鉄下市口駅よりバスで約70分終点洞川温泉下車
南阪奈道葛城ICより車で約70分

★天川村立資料館
住所：天川村洞川674-1
電話：0747-64-0630
開館時間：10：00〜17：00
定休：火曜日／冬季休業
入場料：大人250円／小人100円

果《はて》無《なし》集落（吉野郡十津川村）

庭先を世界遺産の道が通る カツばあちゃんの家

熊野三山への参詣が始まったのは平安時代からだという。参詣道《さんけいみち》は、それぞれの出発点に応じて三つの経路が開かれた。第一の経路は、紀伊半島西岸を歩くもので、「中辺路《なかへち》」と「大辺路《おおへち》」の二つに分岐する。第二の経路は東岸を歩く道で、通称「伊勢路」。そして第三の経路は、高野山から険しい山道を進むため、最も利用者の少なかった「小辺路《こへち》」である。

この小辺路の途中に、「果無」という小さな小さな集落がある。十津川温泉から歩いて約一時間、現在は本数はわずかだが路線バスも通り、車ですぐ近くまで行くこともできる。集落の入り口に「世界遺産熊野参詣道小辺路」と書かれた大きな石碑があり、この石碑から一直線に伸びる細い道が、小辺路。この道を真っ直ぐに歩いていくと、ポツポツと果無集落の数軒の家が見えてくる。集落は小高い丘の頂上にあり、周囲は三百六十度、山また山。見渡す限り延々と連なる果無山脈は絵画のように美しく、果無集落は別名「天空の郷《さと》」とも呼ばれている。

住居のあるわずかな平地以外は一面急斜面で、集落の人々はこの斜面を耕して畑にし、自給自足の暮らしを続けてきた。以前、十津川村の観光ポスターで話題になったカツばあちゃん（九十代だそうな）の家は、集落の中ほどにある。縁側の前の石畳の道が、世界遺産の小辺路。庭先を世界遺産が通るという、実に珍しいケースだ。

昔は宿屋をやっていたそうで、縁側（こちらでは「えんの」というらしい）は泊まり客がここにすわってタライで足を洗い、屋敷に上がっていたのだろう。今も天気の良い日に旅行者たちが前を通りかかると、カツばあちゃんが雨戸を開けて、縁側でお茶を振る舞ってくれることもある。玄関先には菅笠《すげがさ》、番傘、ワラジなどが吊るされ、往時の街道の名残りをとどめている。

ところで、気になる方もおられるだろう「果無」という名の由来だが、もっとも有力な説は次のとおり――江戸時代の地誌『日本輿地通誌』に「谷幽《かす》かにして嶺遠し、因《よ》りて無果という」とあるとおり、行けども行けども果てしなく山道が続くようすから「果て無し」と名づけられた――

大体予想どおりではあるが、まさに言い得て妙。いろんな地名があるが、これほど土地の特徴をストレートに言い表した地名は、そう多くはないと思う。

民家の庭先を通る世界遺産の道「小辺路」

カツばあちゃんの家の縁側でひと休みする旅人たち

★果無集落への行き方
五条駅よりバスで約180分蕨尾下車
徒歩約45分
京奈和道五條ICより車で約100分

ノスタルジック商店街

餅《もち》飯《い》殿《どの》センター街（奈良市餅飯殿町）

今も人々の暮らしを支える奈良最古の商店街

近鉄奈良駅から南へ約三百メートル、平城京時代から続いてきた古い町並み、通称「ならまち」に、「餅飯殿センター街」という珍しい名前の商店街がある。南北二五〇メートルにわたり、百軒以上の商店が並ぶこのアーケードは、奈良でもっとも古い商店街といわれている。「餅飯殿」ってなに？　と大抵の人が訪ねるこの名前、実はこんな由来があるという。

——今から千年以上も前の話。東大寺の高僧・理源大師が、大峰山の行者を困らせていた大蛇退治の勅命を受け、箱屋勘兵衛という力持ちと共に出かけた。大師が法力によって大蛇を呪縛し、それを勘兵衛が刀で真っ二つにして退治したという。この二人が初めて会った時、勘兵衛が大師の好きな餅を持参したため、

大師は勘兵衛のことを「餅飯殿」と呼んでいたという逸話から、後の人々は勘兵衛の住んでいた場所を「餅飯殿」と呼ぶようになった——。

古い商店街にありがちなシャッター商店街ではなく、ここは今も奈良随一のにぎやかさを誇り、地元の人々の日々の暮らしを支えている。

おすすめおやつ

●ぶと饅頭

その昔、遣唐使が唐の国から製法を伝えたといわれる「唐菓子」の一種で、今も春日大社の祭事で作られているという「ぶと」を模した和菓子。あんドーナツのような素朴な味。

「**萬々堂通則**」
奈良市橋本町34

元林院町《がんりんいんちょう》（奈良市元林院町）

芸妓現在五人。花街復興プロジェクトが始まる

猿沢池の西隣、かつて興福寺の別院・元林院があったこの町は、明治の頃から花街として栄えた。大正・昭和の全盛期には芸舞妓の数が二百人を超え、置屋も十軒以上あったというから、かなり大規模な花街である。戦後は次々に置屋が廃業し、芸妓も現在では五人しか残っていないが、奈良の伝統文化を保存しようという人々の間で、現在「元林院花街復興プロジェクト」が立ち上がっている。

昔ながらの町並みも魅力で、歴史的景観で知られるならまち周辺でもっとも伝統的な町家が多く残っている地域でもある。建物は大正・昭和初期の和風建築が多く、特に、花街ならではの入り組んだ細い路地に沿って、置屋ふうのちょっと凝った構造を持つ建物が点在し、今ではほとんど見られなくなった古き良き色町の風情を残している。

鮀腸汁

重要伝統的建造物群保存地区

橿原市今井町《いまいちょう》（寺内町）

平成5年12月8日選定

今井町は戦国時代、一向宗派今井御坊の今井兵部《ひょうぶ》が開いた寺内町である。寺が武装化していた時代の要塞都市の姿を色濃く残し、町の周囲に巡らされた環濠は、今もその跡をとどめている。驚くべきはその規模で、東西約六百メートル、南北約三百メートル、面積約十七・四ヘクタール。全建物数約千五百棟のうち約五百棟の伝統的建造物があり、地区内の数としては日本一を誇る。現在は奈良中心部から離れているため観光客も少なく静かな町だが、江戸時代は戸数千百軒、人口四千人の大都市で、「大和の金は今井に七分」と歌われるほどの財力を有していた。

おすすめおやつ

●きな粉だんご

旧高野初瀬街道沿いの茶店として明治時代から親しまれる「だんご庄」。炒りたてのきな粉が香る手作りのだんごは素朴でクセになる味。ぜひ出来立てを味わってほしい。

「だんご庄」
橿原市近鉄坊城駅前

重要伝統的建造物群保存地区

宇陀《うだ》市松山（商家町）

平成18年7月5日選定

松山地区は、戦国時代、秋山氏の宇陀松山城の城下町として栄えた。その後、秀吉の配下の大名によって拡大整備され、江戸時代に信長の次男・信雄《のぶかつ》が主となった。だが織田家は、四代信武の時代にお家騒動を引き起こして廃藩となる（「宇陀崩れ」として知られる）。その後は幕府の天領となり、京都や奈良と伊勢をつなぐ交通の要衝として「宇陀千軒」「松山千軒」といわれるほど繁栄した。城山と宇陀川の間にのびる通り沿いには、江戸時代から昭和初期に建てられた様々な年代の建築物が建ち並び、通りの両側に宇田川から引かれた水が流れ、独特の景観をつくりあげている。

宇陀市松山

重要伝統的建造物群保存地区

五條市五條新町（商家町）

平成22年12月24日選定

五條は慶長十三（一六〇八）年に、松倉重政により五條藩の城下町として開かれたが、元和二（一六一六）年に重政が肥前島原藩に転封となったため、廃藩となった。重政は肥前では過酷な税制とキリシタンの弾圧で恐れられたが、五條の時代は商業の振興のため諸役を免除するなど名君として知られ、五條の人々は今でも重政を「豊後様」と呼んで慕っている。新町の町並みは江戸時代の町割りをよく残しており、地区内の建物三百三十棟のうち百四十三棟が伝統的建造物として特定されている。

 五條市五條新町

美容室
まちなみ
伝承館

三重

河崎《かわさき》（伊勢市河崎）

水運の町として栄えた「伊勢の台所」

江戸時代、「死ぬまでに一度は訪れたい」と庶民の誰もが夢見たお伊勢参り。伊勢神宮には全国から大勢の参詣客が押し寄せた。年によっては数百万の人々が参宮したといわれている。

当然のことながら、伊勢のまちには参詣客のための宿泊施設や茶屋などができ、内宮《ないくう》には宇治、外宮《げくう》には山田という門前町ができあがっていった。それらの町に物資を提供するために、荷の集積地として発展したのが河崎である。

室町時代後期、左衛門太夫宗次という人物が、町を流れる勢田川《せたがわ》中流の湿地帯を埋め立て、まちづくりを行ったのが河崎の始まりといわれている。その後、勢田川の水運を利用した物資の集積港として発展。戦国時代以降は物流と金融の町として栄えた。江戸時代になると卸売り中心の問屋町として、またお伊勢参りに船でやってくる参宮客の上陸地として、河崎は多くの人々が行き交う町となる。さらに伊勢神宮周辺地域の米と魚の卸売り専売権を認められ、「伊勢の台所」として全国に知られる商人町となった。豪壮な蔵が勢田川沿いに数多く並び、街路の両側にも華やかな商家が軒を連ねていたという。

明治時代、鉄道の開通によって船参宮は減少するも、物資の集積地としては繁栄を続けた。しかし、昭和に入って陸上輸送が中心になると、船運の町河崎は徐々に衰退していった。

今はもう水運の町としての役割は終えているが、メインストリートである河崎本通りには古い家屋を改装したカフェやショップが並び、休日ともなれば若い女性たちでにぎわいを見せている。なかでも平成十四（二〇〇二）年に開館した「伊勢河崎商人館」は、約三百年前の江戸時代中期に創業した酒問屋「小川商店」の建物を改修整備したもので、現在は歴史文化交流拠点として多くの観光客が足を運んでいる。国の登録有形文化財に登録されている蔵や町家は一見の価値ありだ。また、小川商店は明治時代にサイダーも製造しており、そのサイダーが復刻販売されている。

どこか懐かしい味がするサイダーを片手に、本通りに並行して流れる勢田川に出てみる。この川とともに歩んできた伊勢河崎の町。川岸に残る船着き場の名残と黒板塀の蔵が、その歴史を物語っている。

河崎の歴史文化交流拠点となっている「伊勢河崎商人館」

往時の風情が残る勢田川

★伊勢河崎商人館
住所：伊勢市河崎2-25-32
電話：0596-22-4810
開館時間：9：30〜17：00
定休：火曜日
入館料：大人350円／大学・高校生200円／中・小学生100円

おすすめランチ

●肉月見伊勢うどん

真っ黒なたまり醬油の濃厚なタレに、ふわふわの麺が絡む伊勢うどん。江戸時代から親しまれる伊勢のソウルフードだ。生卵と牛肉を乗せた「月見肉」がこの店の人気メニュー。

「ちとせ」
伊勢市岩渕1-15-11

ノスタルジック
商店街

しんみち商店街（伊勢市一之木）
伊勢の町と共に歴史を刻んできたアーケード商店街

伊勢市駅から徒歩三分、神都伊勢の中心にあるのが「しんみち商店街」（伊勢銀座新道商店街）である。江戸時代に整備された新道通りに沿ってできた商店街で、現在は約六百メートルのアーケード街に六十数軒の店舗が集まっている。もちろん、伊勢で最長最大の商店街である。

伊勢参宮街道沿いの歓楽街をうしろに控えているために、古くから歓楽街相手の呉服屋や化粧品の店が多かった。その流れを汲んで現在も服装品や呉服雑貨を扱う店が多く並んでいる。

他の地方都市の商店街と同じように、しんみち商店街でも閉店してしまった店舗が少なくない。しかし、イベントやSNSでお店の情報を積極的に発信するなど盛り上げ策を展開。地元の人々はもちろんのこと、伊勢を訪れる観光客にしんみち商店街の良さをアピールしている。特に二十年近く続けて開催されている「伊勢の夜祭」は、商店街のイベントとして定着。伊勢の街の新しい夏の風物詩になりつつある。

5%の還元
プレミアム

旧花街を歩く

伊勢古市《ふるいち》（伊勢市中之町）
遊郭の華やぎを今に伝える老舗旅館

江戸時代、東京の吉原、京都の島原とともに三大遊郭のひとつに数えられていたのが伊勢古市である。伊勢神宮の外宮と内宮を結ぶ参宮街道沿いにあり、全国から訪れるお伊勢参りの参詣客が、精進落としのために立ち寄ったといわれる。江戸時代には遊郭のほかに芝居小屋や旅館が建ち並び、伊勢随一の歓楽街としてにぎわいをみせていた。

残念ながら、現在の古市に、その面影はほとんど残っていないが、それでも旧参宮街道沿いに点在する古い家屋に、独特の風情を感じることができる。なかでも、創業二百年の老舗旅館麻吉《あさきち》の威容は、往時の古市の華やぎを今に伝えるのには十分すぎるほどだ。幾年もの間に磨き上げられた木造の楼閣は、何層にも塗り重ねられた工芸品のように美しくも鈍い輝きを放っている。

現在も営業している旅館「麻吉」

上多気《かみたげ》（津市美杉町上多気）

栄華を誇った北畠氏の夢の跡

津の中心部から南西方向に三十キロほど離れたところにある美杉《みすぎ》町上多気。四方を高い山々に囲まれた盆地にあり、鄙びた山村風景が広がる地域である。この上多気に城を構え、公家出身の戦国大名として名を馳せたのが北畠氏である。

南北朝時代、南朝の軍事的指導者として活躍した北畠親房《ちかふさ》、その三男である顕能《あきよし》が上多気に城館を築いたのが始まりである。その後、北畠氏は伊勢国司および伊勢守護として伊勢国を支配。長くこの地に君臨した。だが、永禄十二（一五六九）年に織田信長が南伊勢に侵攻。その後、天正四（一五七六）年に織田信雄《のぶかつ》の策略によって八代当主の具教《とものり》が殺害されると、北畠氏も上多気も衰退していった。

江戸時代になると上多気は伊勢本街道の宿場として栄えるようになる。美杉地域には石名原《いしなはら》、奥津《おきつ》、多気の三つの宿場があったが、なかでも多気宿は栄えて多くの旅人でにぎわった。宿を流れる八手俣《はてまた》川の西側は谷町と呼ばれ、大きな商家や旅籠などが店を構えた。それに対して東側は町屋と呼ばれ、小さな宿屋が二十軒以上あった。今も、その宿場町風情はしっかりと残っており、谷町には味わい深い歴史的建築物、町屋にはかつて旅籠屋だったと思われる家が軒を連ねている。表札の横には「万屋、中屋、角屋」といった昔の屋号が書かれた札が掲げてあった。これほど往時の面影を残している町並みは珍しい。

さらに旧街道を西へ歩いていくと、北畠神社がある。北畠顕能を主祭神として祀った神社で、かつて北畠氏の居城であった「霧山城」（多気城）があった場所に建立されたといわれる。発掘調査でこの神社の境内から北畠氏館跡の石垣が確認され、平成十八（二〇〇六）年には神社を中心とする一帯が、多気北畠氏城館跡という国史跡に指定された。北畠神社の境内には北畠氏の庭園が残っており、四〇〇年以上前に作庭された当時のままの庭を観賞することができる。

伊勢の山奥にひろがる鄙びた山里、上多気。ここに二百年以上栄えた南伊勢の都があったとは誰も想像できないかもしれない。しかし、確実に北畠氏の城下はここにあったのだ。

遠い昔に思いを馳せながら上多気の里をゆっくりと歩いていると、往時の都の姿が幻影のように立ち上ってくる。栄華を誇った北畠氏の夢の跡がそこにある。

伊勢本街道の宿場として栄えた多気宿

北畠氏の居城があった地に鎮座する「北畠神社」

★上多気への行き方
JR伊勢奥津駅よりバス約8分
上多気交差点下車徒歩約5分

★美杉ふるさと資料館
住所：津市美杉町上多気1010
電話：059-275-0240
開館時間：9：00～17：00
定休：月曜日
入館料：無料

おすすめおやつ

●美杉ようかん

多気宿の近くで明治時代から続く和菓子屋の看板商品は「練養甘（ねりようかん）」。昔ながらのかまどで炊くため、一日に限られた本数しか作れないという。

「東屋」
津市美杉町上多気1447

一身田寺内町《いっしんでんじないまち》（津市一身田町）

専修寺《せんじゅじ》を中心に今も残る風情ある町並み

大きな山門をくぐると、まずその境内の広さに驚く。さらに正面に屹立する巨大な伽藍《がらん》（御影堂《みえいどう》と如来堂《にょらいどう》）の迫力に圧倒されてしばし言葉を失う。津市一身田町にある高田本山専修寺、初めて訪れた人はきっと同じような思いをするにちがいない。

寛正五（一四六四）年、親鸞上人から直接教えを乞うたといわれる浄土真宗高田派の中興の祖である真慧《しんね》上人が、東海北陸地方の布教活動の中心として、この地に無《む》量寿院《りょうじゅ》を建立した。それが専修寺の前身である。以来、幾度かの火災を乗り越えて多くの崇敬を集め続け、現在では全国に六百以上ある高田派寺院の本山となっている。

寺内町ができたのは十五世紀の終わりごろ。東西約五〇〇メートル、南北四五〇メートルの環濠に囲まれた地域に、専修寺を中心に町が広がっていった。町内には専修寺の末寺が建てられ、さらに多くの参詣客が訪れるようになり、それにともなって商店や宿屋などが次々にできていった。

本山前の大通りである寺町通りや並行してある仲の町通り、山門前の向拝前《ごはいまえ》あたりには往時のままの町並みが残っている。さらに南の方に伸びている橋向の町並みはかつての歓楽街で、連子格子の家や妻入り二階建ての味わいある古い家屋が点在している。寺参りをしたあと、これらの通りをそぞろ歩くのも、寺内町ならではの楽しみ方だ。

ところで、「一身田」という一風変わった地名の由来は何か。

古代の制度で、政治上で功績のあった貴族に対し、特別にその身一代に限って与えられた田がここにあったから、という説、あるいは奈良時代の法令「三世一身の法」で、田を開墾した人にその身一代に限って私有を認めた田を「一身田」と呼んだことから、という説もあるが、どれが正しいのかはわかっていないらしい。

毎年、一月九日から十六日まで、専修寺では「お七夜報恩講《ほうおんこう》」が行われる。親鸞聖人を忍んで共に仏法を聞いて語りあう集いである。この時期、門前の通りには露店が並び、多くの人が訪れてにぎわう。地元では「お七夜さん」と呼ばれ、今では一身田にはなくてはならない冬の風物詩になっている。

唐門
高田本山

専修寺前の寺町通り

古い家屋が連なる「仲の町通り」

橋向の町並み

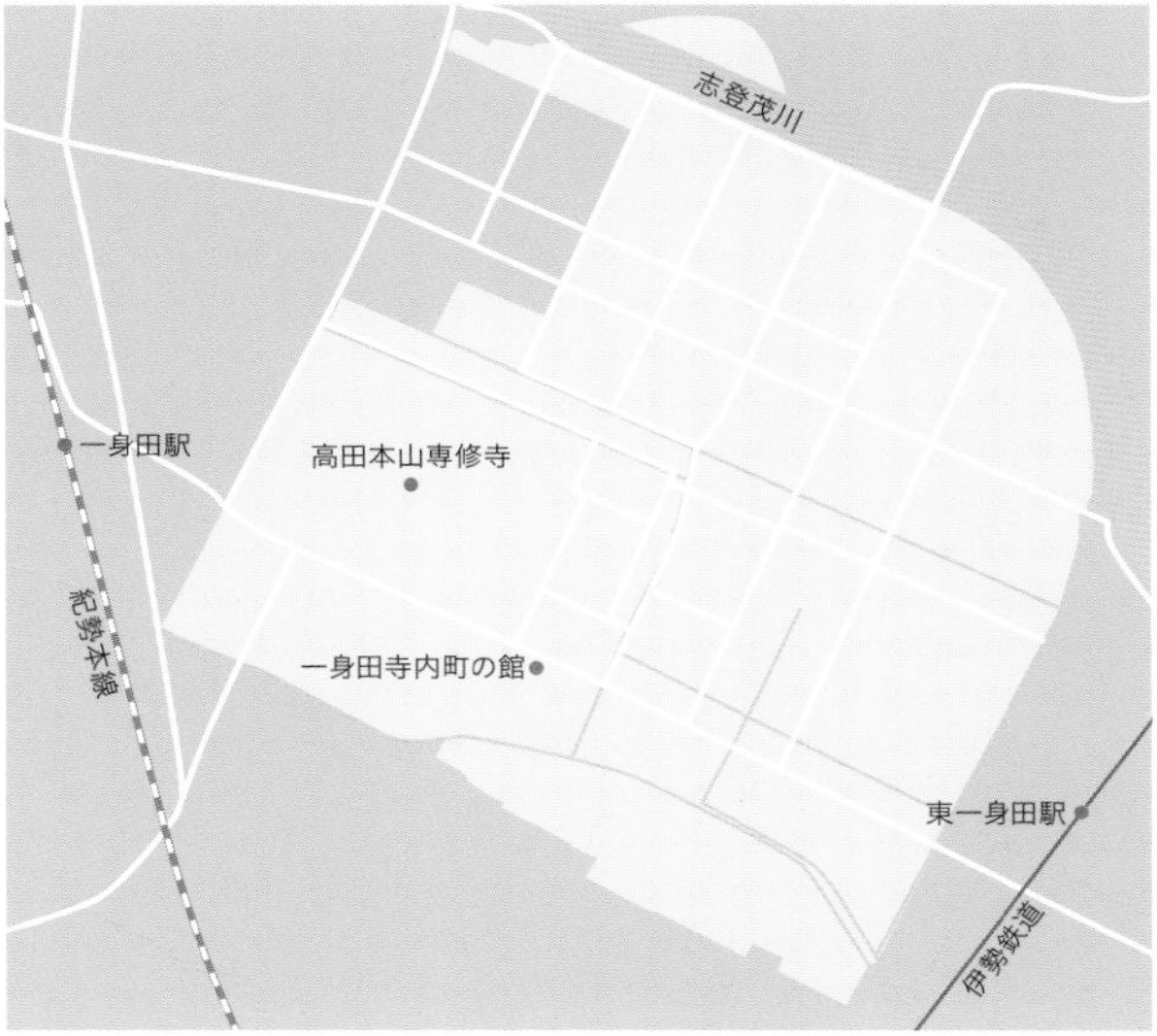

★一身田への行き方
JR一身田駅より徒歩約5分

★一身田寺内町の館
住所：津市一身田町758
電話：059-233-6666
開館時間：9：30〜16：00
定休：月曜日
入館料：無料

楠原《くすはら》（津市芸濃町《げいのう》楠原）

連子格子の家が連なる小さな街道集落

江戸時代、主に京都から伊勢参りへ向かう人々が通った伊勢別街道。関宿《せきじゅく》の東の追分で東海道と分岐し、現在の津市の芸濃町や一身田町を通り、津の江戸橋で伊勢参宮道と合流する。「いせみち」「参宮道」「山田道」などと呼ばれていたようで、往時には多くの参詣客が行き来した。

楠原は、この伊勢別街道の宿場の一つである楠原宿があった集落で、今もかつての宿場町の面影をしっかりと残している。特にゆるやかな坂道の両側に連子格子の家々が軒を連ねる景観は一見の価値ありだ。古い家屋だけではなく、新しく建てられたと思われる家屋もまた伝統的な建築様式を踏襲している。

この楠原には、さよが池の悲話という伝説が残っている。

――楠原にある池が、大雨のたびに氾濫し、堤が切れて集落は大きな被害を受けた。困った村人たちは、古くからの習わしにしたがってだれかを人柱にしようということになった。白羽の矢が立ったのが丹波から庄屋に奉公に来ていたさよという少女だった。さよを人柱にした村人たちだったが、その後、雨も降らないのに池の水があふれたり、火事が起きたり、原因不明の病気が蔓延したりと、災いが続けて起こった。さよの祟りだと怖れた村人たちは、供養塔を建てて手厚く供養したという。その後、災いが起きることはなかった――現在、町内の明《あき》神社の裏手にある池がこの氾濫を起こした池だといわれている。さよの供養塔は、浄蓮寺という寺の境内にひっそりと佇んでいる。

楠原については、この悲話の伝説と連子格子の家並みぐらいしか語るべきものはない。食事をするところもなく、お茶を飲む店もない。観光地としてはおすすめできない場所かもしれない。だが、時にはあまり知られてない小さな古《いにしえ》の宿場を歩いてみるのもいい。訪れる人が少ないがゆえに守られている集落の風情と静寂が、一種の癒しのような効果となって心に響いてくる。

今日も明日も、さらに大きな災害などなければきっと何十年後も、楠原は今と変わらぬままだろう。いつかまた時間ができたら、立ち寄って、連子格子の家並みを見ながらゆっくりと歩いてみたいものだ。

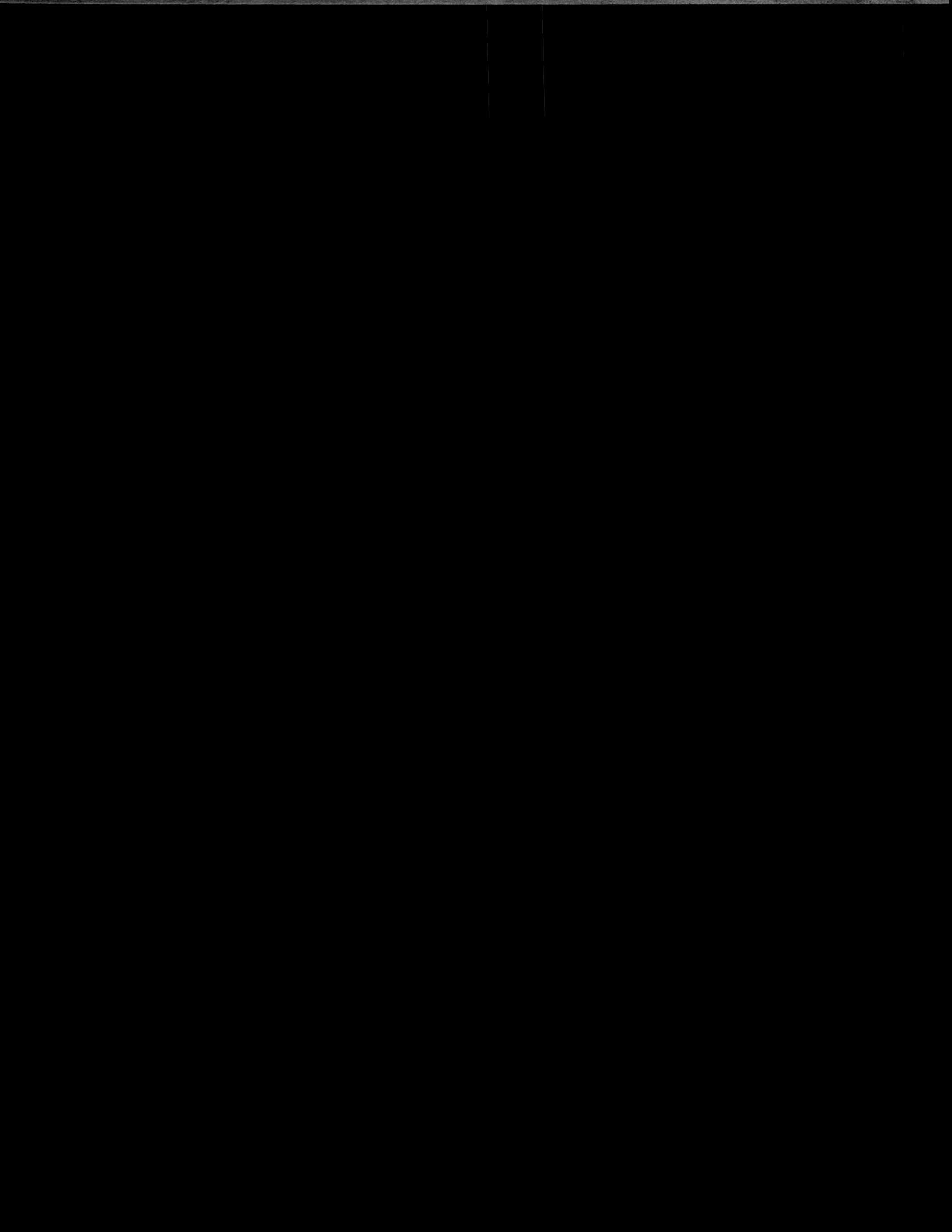

浄蓮寺境内にあるおさよの供養塔

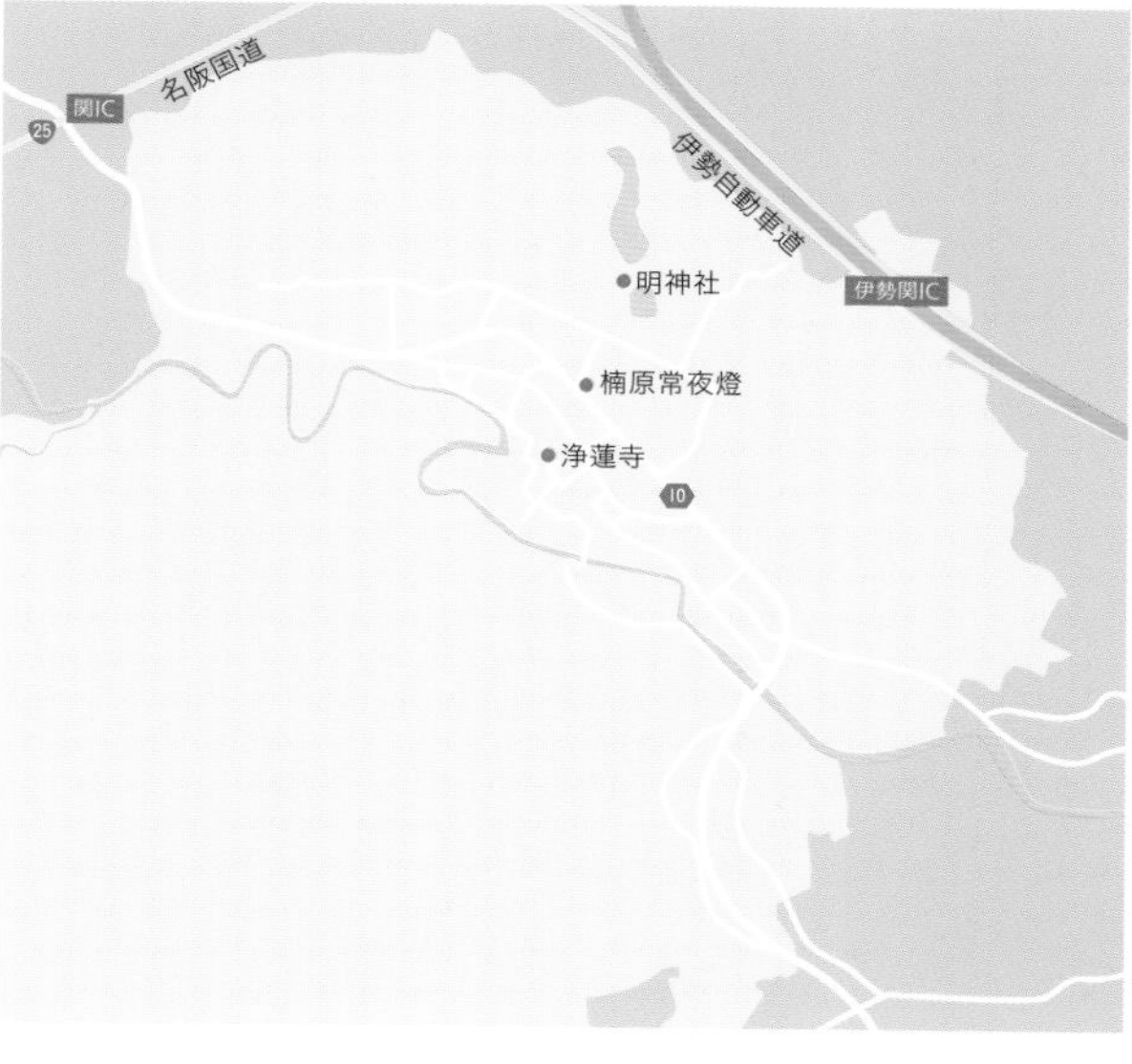

★楠原への行き方
JR関駅より徒歩約35分 車で約6分
名阪国道関ICより車で約4分

坂手島《さかてじま》

（鳥羽市坂手町）

乱歩の恋物語が残る鳥羽の小さな島

伊勢志摩の海に浮かぶ大小さまざまな島々。その中で人が住んでいる鳥羽の有人離島は、答志島《とうしじま》、坂手島、菅島《すがしま》、神島《かみしま》と四島ある。それぞれ特色ある島で、答志島は九鬼水軍の大将だった九鬼嘉隆《よしたか》が眠る島、神島は三島由紀夫の潮騒の舞台になった島、菅島は現役では日本最古の煉瓦造り灯台が有名だ。そして坂手島は、推理小説家である江戸川乱歩とその妻隆《りゅう》との恋物語が残る島である。

三重の名張出身の乱歩は、大学卒業後、鳥羽の造船所で働き始める。わずか一年少々で辞めてしまうのだが、その間、同僚たちと「おとぎ倶楽部」を結成して鳥羽周辺の小学校を回りおとぎ話などの読み聞かせをしていた。ある日、坂手島の小学校に出向いたとき、教員室で教員だった村山隆と出会う。その知的で清楚な姿に心を奪われた乱歩は、そのあと何通もの恋文を島にいる隆に送って想いを成就させる。

「志摩はよし　鳥羽はなおよし　白百合の　真珠がごとく　君のすむ」

これは隆へ送られた恋文に添えてあった歌であり、隆と坂手島への想いがあふれている。

この村山隆の実家が今も島の中心部にある。かつては村万商店といって、米穀、酒、雑貨などを扱う島唯一の商店だった。残念ながら店は平成二十（二〇〇八）年に閉店してしまったが、その建物は今も残っている。薄いピンクの塗装がほどこされた壁の建物が、細い路地の奥の広場のようなところにある。おそらく、この店の周辺が往時、島で一番にぎわった場所だったにちがいない。

坂手島に行くには、鳥羽港の中之郷から定期船に乗る。七分ほど船に揺られると島の船着場に到着。港には長い堤防があり、海沿いに平坦な道が続く。山の斜面にへばりつくように家が建ち並び、その間を縫うように細い路地が広がっている。急な坂道を上ってたどり着く山の上には、隆が働いていた旧坂手小学校の校舎と校庭が残っている。

眼下に広がる鳥羽の海を見下ろす。やわらかな風に吹かれながら、陽に光る海と島影をぼんやりと眺める。しばらくたっても、いつまでも変わらない目の前の風景。ゆったりのんびりと島の時間は過ぎてゆく。

乱歩の妻の実家「村万商店」

乱歩と隆が出会った小学校

おすすめランチ

●鳥羽の新鮮なさしみ定食

地物、近海物の新鮮な魚介類にこだわった食堂。駅直結の立地で、鳥羽の魚を味わうにはもってこいのお店。日によってネタが変わるさしみ定食が、不動の一番人気。

「〇八（まるはち）食堂」
鳥羽市鳥羽1-8-13

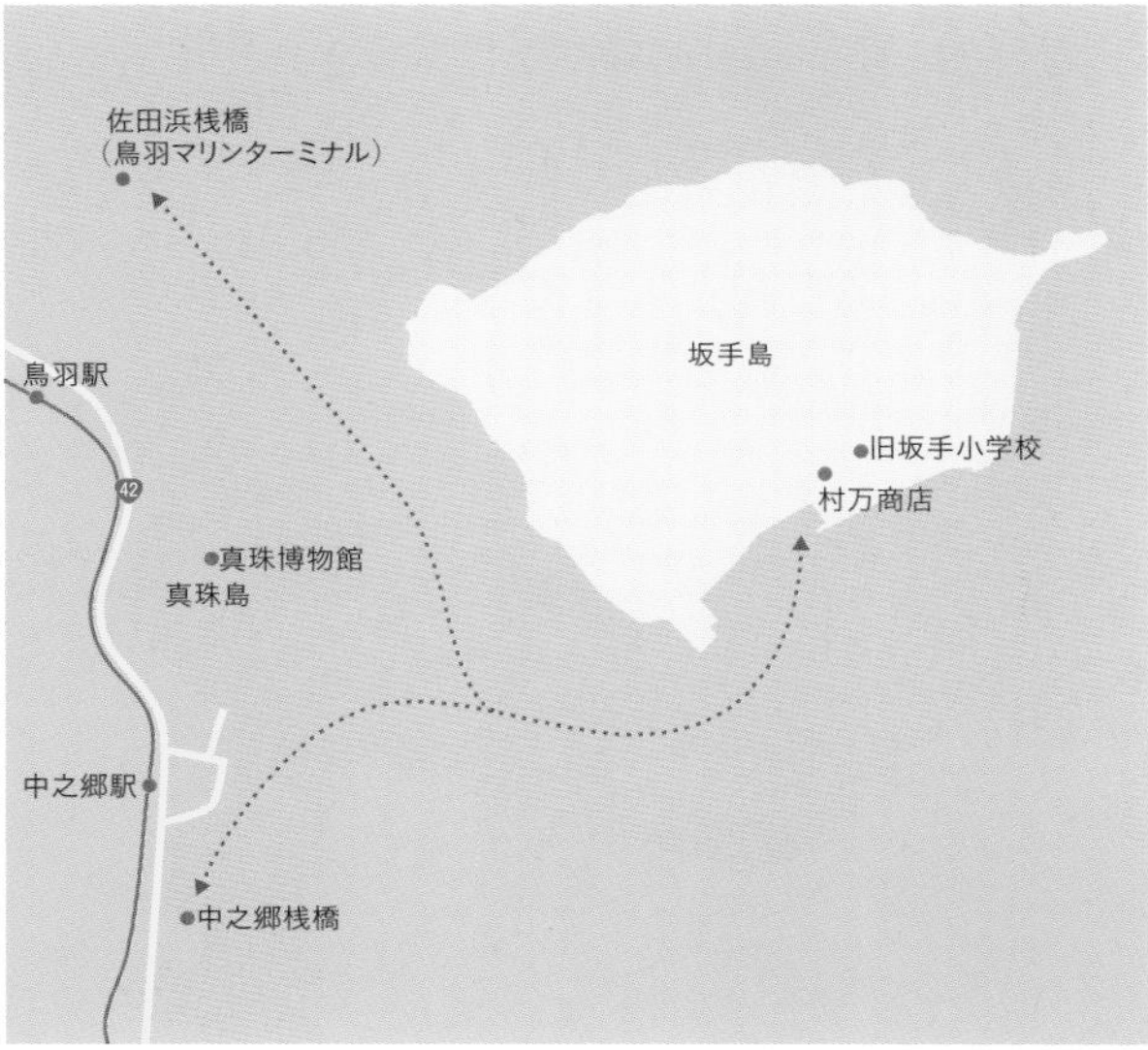

★坂手島への行き方

JR鳥羽駅経由　佐田浜桟橋（鳥羽マリンターミナル）または中之郷桟橋より定期船で約7〜12分

丸《まる》柱《ばしら》（伊賀市丸柱）

一三〇〇年以上の歴史を誇る伊賀焼の里

三重県の伊賀市周辺でつくられている陶器が伊賀焼である。

歴史は古く、約一三〇〇年前の奈良時代に始まったといわれている。十七世紀初めの桃山時代、茶の湯が盛んになるにつれて茶の湯の道具として重宝され、日本独自の美意識である「わびさび」を表現しているとして高い評価を得るようになる。その時代に作られた伊賀焼は「古伊賀」と呼ばれ、あの川端康成も、ノーベル賞受賞記念講演『美しい日本の私』の中で絶賛した。

しかし、桃山時代が終わると伊賀焼も衰退。再開されたのは江戸時代の中頃のことで、日常食器などをつくるようになり、広く伊賀焼の存在が知られるようになった。

この伊賀焼の里として、日本の伝統工芸を守りつづけているのが、伊賀市の北西部にある丸柱だ。四方を山にかこまれたこの地域は、良質な陶土を産するとともに、薪に最適な赤松の森林が豊富にあった。陶器生産に欠かせない土と燃料が地元で調達できることが、丸柱を伊賀焼の里にしたのである。

伊賀焼の特徴は何か。陶芸の門外漢である筆者は、詳しいことはわからないが、ある窯元でいただいたパンフレットによると——高温で焼かれることにより生まれるビードロ釉《ゆう》と呼ばれるガラス質と、赤く引き締まった素朴で力強い肌合いが特徴。ビードロ釉とは、高温で焼かれた陶器に振りかかる灰がガラス質となって付着したものを指し、自然に任せるのではなくどのように付着するかを考えた上で焼かれている——とのことだ。また、近くの信楽焼と何が違うのかというと、伊賀焼は信楽より硬くて重く、昔から「伊賀に耳あり、信楽に耳なし」といわれているように、古伊賀には一対の「耳」と呼ばれる取っ手が付いている。同じ山の系統の陶土を使っているにもかかわらず、作風には大きな違いがあるのがおもしろい。

国道四二二号線を走り丸柱に入ると、道沿いの山の麓に、窯元の煙突が見えてくる。タイミングがあわないと、そこから煙が立ち上る様子を見ることはできないが、それでも、山や田畑に囲まれて窯元が点在する風景は、焼き物の里ならではといえるだろう。

現在、丸柱には四十以上の窯元があるが、その中でも老舗の窯元で土鍋を一つ所望してみた。ごはん専用の土鍋である。伊賀焼は土鍋が有名である。

家に帰り、目止めをしてから、いつもの米を入れて炊いてみた。なんとまあ、味がちがうことよ。本当に同じ米なのかと思うほど、味が際立っていた。伊賀焼、恐るべし、である。

伊賀焼

老舗窯元「長谷園」の登り窯

おすすめランチ

●伊賀牛丼

古い歴史をもつブランド牛、伊賀牛をふんだんに使った牛丼。煮込みではなく焼いた牛肉を使うため香ばしさが際立つ。紅生姜と青ネギで好みの味に仕上げる。

「つかさ」
伊賀市上野丸之内39-16

★丸柱への行き方
JR伊賀上野駅よりタクシーで約20分

★伊賀焼伝統産業会館
住所：伊賀市丸柱169-2
電話：0595-44-1701
開館時間：9：00～17：00
定休：月曜日
入館料：2階のみ有料　大人220円／中高生110円

著名人の旧宅を訪ねて

松尾芭蕉生家

俳聖・松尾芭蕉が二十九歳まで住んだ家

江戸時代中期の俳諧師として活躍した松尾芭蕉。諸国を旅して俳句を詠んだことから旅する俳人として知られる。なかでも東北と北陸を旅して詠んだ俳句集『奥の細道』は、芭蕉の代表作として今もなお多くの人に読み継がれている。

その芭蕉の生家が伊賀上野に残っている。正保元（一六四四）年に松尾与左衛門の次男として生まれた芭蕉が二十九歳まで過ごした生家で、旅に出るようになってからも幾度も帰郷してこの家で過ごしたといわれる。

生家は通りに面し、表は格子構えの古い町家で、玄関から奥まで通り土間となっている。生家の裏にある釣月軒《ちょうげつけん》は芭蕉が処女句集「貝おほひ」を執筆した家屋で、当時のままに保存されている。

住所 上野市赤坂町304
電話 0595－24－2711
開館時間 8:30～17:00 入場受付は16：30で終了
入館料 大人300円／高校生以下100円
休館日 年末年始
※2021年3月31日まで、施設調査および耐震工事のため休館

九鬼《くき》（尾鷲市九鬼町）

戦国時代最強の水軍を率いた九鬼氏発祥の地

戦国時代、天下統一を目指していた織田信長の水軍として活躍した九鬼水軍。特に、石山本願寺との戦いである木津川合戦では、当時無敵とうたわれた毛利水軍を撃破。戦国最強の水軍としてその名をとどろかせた。その九鬼水軍を率いた九鬼嘉隆《よしたか》は志摩国を根城にしていたが、九鬼氏のルーツは尾鷲の小さな漁村、九鬼浦にある。

南北朝時代、藤原氏の末裔で伊勢国の佐倉城主であった藤原隆信《たかのぶ》が北朝側の攻撃を受け、敗走して九鬼浦に落ち延びた。地名の九鬼を姓にして九鬼隆信を名乗り、九鬼城を築城。そこから九鬼氏が始まったとされている。

九鬼水軍はすでにこの隆信の時代に存在しており、熊野灘を舞台に海賊行為をしていたともいわれている。しかしながら、熊野時代に九鬼氏は思うように勢力を伸ばすことができず、三代隆房《たかふさ》の次男隆良《たかよし》が、新天地を求めて志摩の波切《なきり》に進出。そこから徐々に勢力を拡大していくことになる。

九鬼氏発祥の地である九鬼浦は、複雑に入り組んだ海岸が連なる尾鷲と熊野の間にある。ＪＲ九鬼駅から一キロほどのところにあるのだが、鉄道ができる前はまったくの陸の孤島だったにちがいない。そう思わせるほどにひっそりとある。漁港を中心に小さな集落が広がり、三方を山に囲まれているので、集落全体が秘密基地のような感じになっている。

入江の東の丘の上には九木神社があり、山の中腹には藤原隆信が創建したといわれる真巌寺《しんがんじ》がある。九鬼氏ゆかりの場所をめぐりながら丘の上に立つと、眼下にはリアス式海岸特有の入江と民家の甍の波が広がる。港には波に揺れる小さな漁船、そして忙しそうに手を動かす地元漁師の姿。もしかしたら、藤原隆信が落ち延びて九鬼氏が興ったころの九鬼浦の風景と、それほど変わっていないのかもしれない。

そんなことを思いながら港を歩いていると、一軒の和菓子屋を見つけた。銘菓「九鬼水軍虎の巻」とある。聞けば、九鬼水軍の戦法が記された「虎の巻」を模してつくられたもので、地元では「とらまき」と呼ばれているらしい。これが結構な人気で、この一品を手に入れるために九鬼を訪れる人もいるという。

ためしに一つ買ってみた。ふわふわのカステラ生地の中にあんこが入っている。たしかにかたちは虎の巻にふさわしく、巻物のようになっている。頰張ると、やわらかい舌触り。最強の水軍を率いた九鬼氏のイメージにはそぐわない、やさしい甘さが口の中に広がった。

杉木立に囲まれた「九木神社」

★九鬼浦への行き方
JR九鬼駅より徒歩約15分

尾鷲ヤーヤ祭（おわせやーやまつり）

三百年以上続く尾鷲神社の例祭は、天下の奇祭として知られる。通称の「ヤーヤ祭」は、武士が合戦で名乗りをあげる際の「やーやー、我こそは……」からきているといわれる。神楽や踊り、弓射の奉納など期間中は催しが目白押しだが、山場は白装束の男たちが狭い通りでひしめきあい、激しくぶつかりあう「練り」と呼ばれる行事。体を清めるため、毎夜、裸で海に飛び込む禊「垢離掻き（こりかき）」も見どころだ。

開催時期　毎年2月1日～5日
開催場所　尾鷲神社・尾鷲市街

写真提供：尾鷲市

重要伝統的建造物群保存地区

関宿（宿場町）

昭和59年12月10日選定

江戸時代、東海道の日本橋から四十七番目の宿場として設けられた関宿。参勤交代やお伊勢参りの人で大変なにぎわいを見せていたといわれる。もともとこの地は古代の要衝となっており、七世紀ごろには古代三関のひとつである「鈴鹿の関」が置かれていた。関という地名もそれが由来となっている。

東西追分一・八キロの間に、江戸時代後期から明治時代にかけて建てられた町家が二百棟以上現存。東海道の宿場町で唯一、往時の街並みが残っている貴重な宿である。

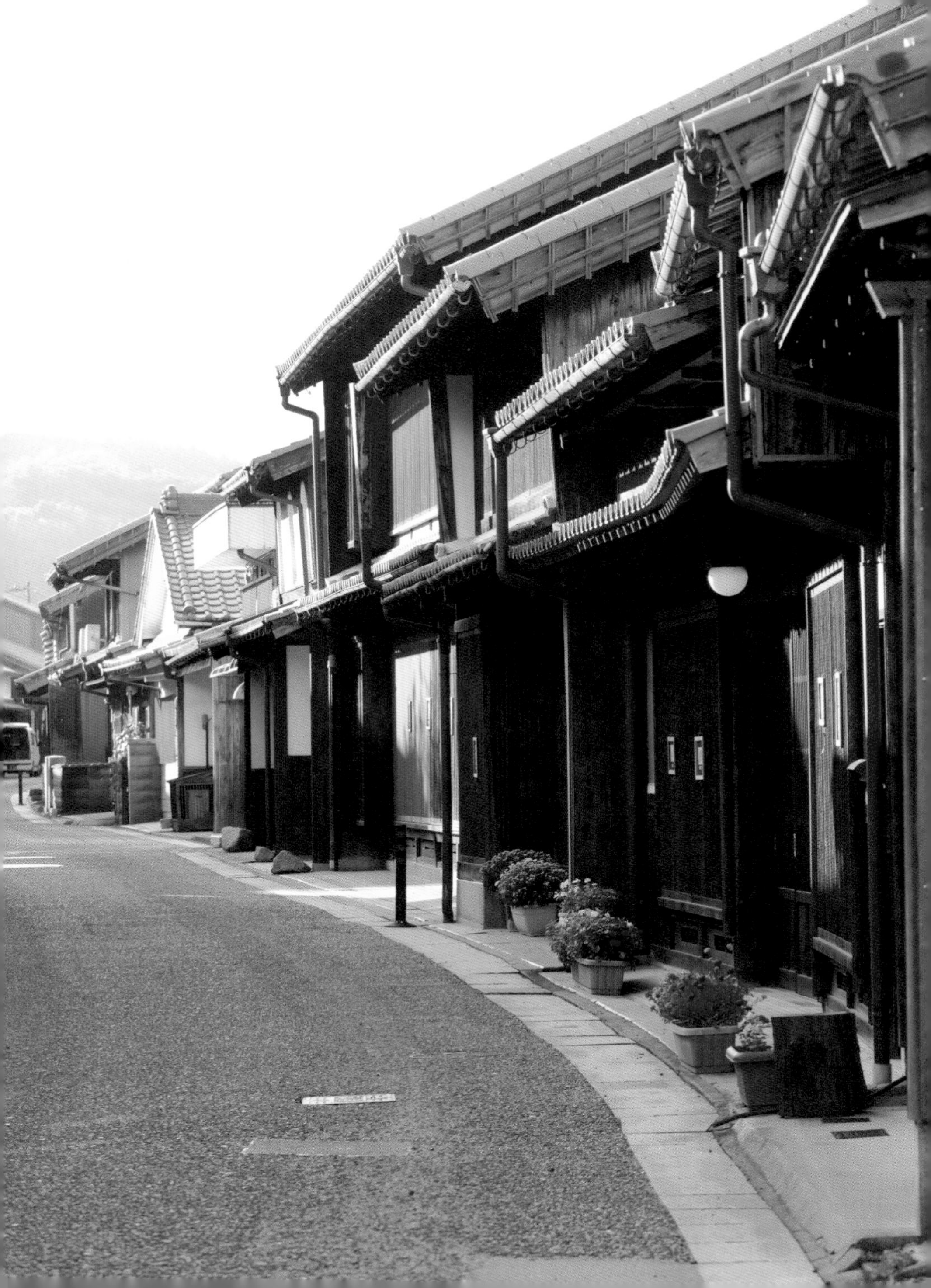

SALE
SALE

和歌山

かつらぎ町四郷
名手
華岡青洲居宅
ぶらくり丁商店街
和歌山市
天野
雑賀崎
湯浅
御坊
湯の峰温泉
田辺新地
太地町

天野《あまの》（かつらぎ町天野）

麗しい自然に囲まれた信仰と歴史の里

かつらぎ町の南部、高野山麓の山間に広がる天野盆地。標高四五〇メートルのところにあるこの盆地は、さまざまな伝説と歴史の里として静かに時を刻んできた。

この里に鎮座する丹生都比売《にうつひめ》神社は、約一七〇〇年前に創建されたと伝えられている。天照大御神の御妹神である丹生都比売大神と、その御子である高野御子《たかのみこ》大神、食物を司る大食都比売《おおげつひめ》大神、財運と芸能の女神である市杵島比売《いちきしまひめ》大神の四神を祀り、紀伊国一之宮であり全国の丹生神社の総本社となっている。空海が金剛峰寺を建立するにあたって、この神社が神領を寄進したと伝えられ、以来、高野山ゆかりの場所として神聖視されている。神社の境内と背後の尾根には、高野山への表参道である高野山町石道《ちょういしみち》が通っているため、かつては高野山参拝前には、この神社に参拝するのが習わしだった。

また、高野山は女人禁制であったため、出家して高野山に入る者はこの里で別れることになり、それにまつわる哀話も数多く残り伝わっている。

たとえば、西行の場合もその一例だろう。

鳥羽上皇の北面の武士だったのちの西行、佐藤義清《のりきよ》は、二十三歳のときに出家。諸国を旅しながら数多くの優れた歌を残し、平安後期の天才歌人として後世に名を残した。三十二歳のときに高野山に入山し、約三十年間、寺の勧請作業などを務めた。残された妻と娘は西行への思いを抱きながら天野の里に移り住み、ともに仏門に入り当地で生涯を終える。二人が住んでいた庵を、天野の里人たちは「西行堂」として守り続けたという。この西行堂は、今もなお天野の里に残されている。

はるか昔からこの地を流れる真国川《まくにがわ》は、今も清い水を湛え、夏になれば源氏ボタルが夜空を舞う。春になれば山の霞の中に、まぶしいほどの緑が輝き出し、秋には金色の稲穂の波が地面を覆う。これほど豊かで麗しい自然がしっかりと残っているのは、やはり高野山の加護があるからなのかもしれない。

かの白洲正子が著書『かくれ里』のなかで、天野の里を「天の一廓に開けた夢の園」と感嘆し、「ずいぶん方々旅をしたが、こんなに閑でうっとりするような山村を私は知らない」「できることならここに隠居したい。桃源郷とは正にこういう所をいうのだろう」と記している。同書が刊行されたのは一九七一年のことだが、それから半世紀ほどたった今でも、天野の里の風景はほとんど変わらずに、訪れる者の目の前に広がっている。

約1700年前に創建されたといわれる「丹生都比売神社」

西行の妻と娘が住んで
いたといわれる西行堂

天野

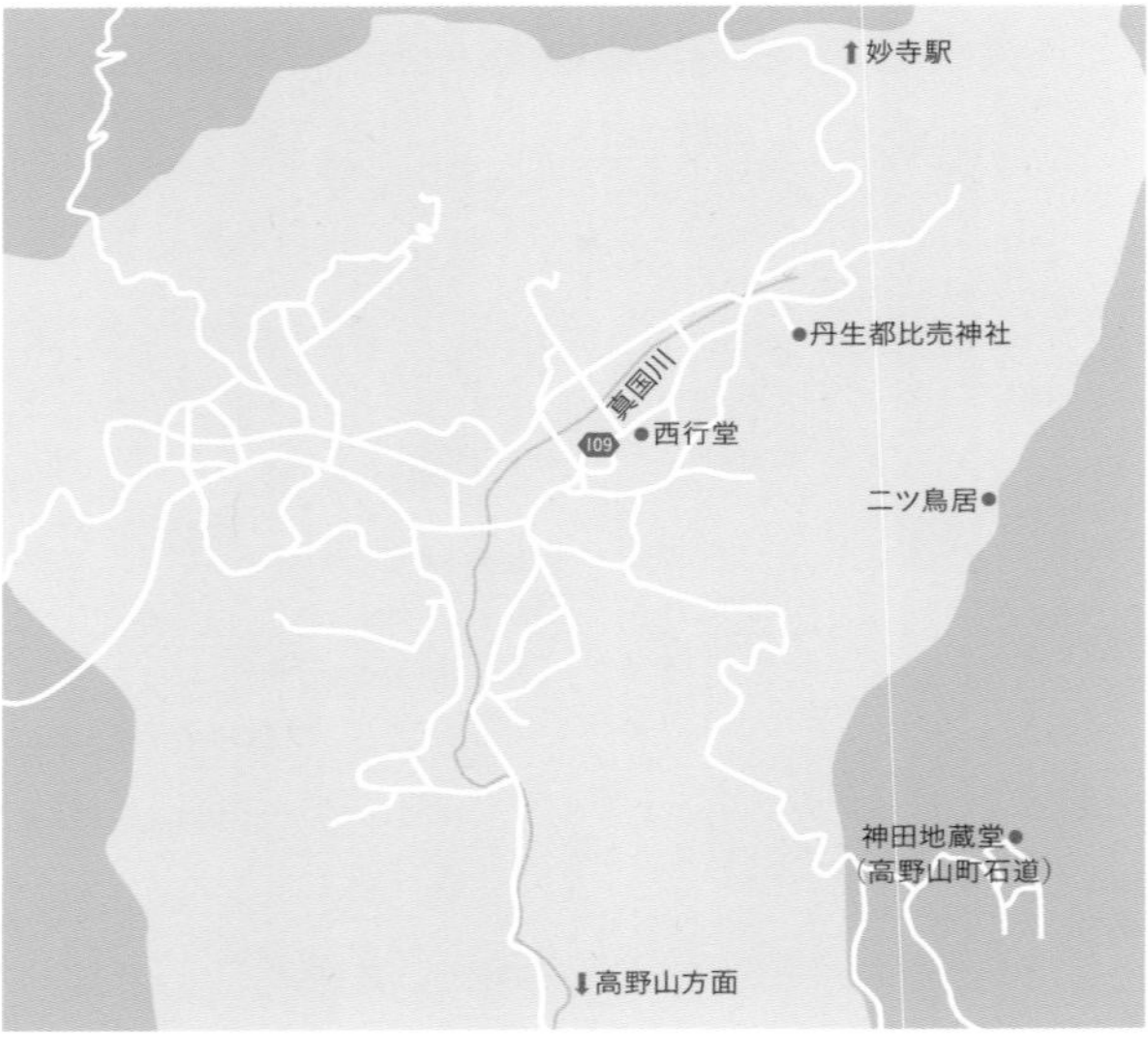

★天野への行き方

JR笠田駅または妙寺駅より車で約15分

京奈和道高野口ICより車で約20分

祭

天野の御田祭（あまののおんだまつり）

世界遺産に登録されている丹生都比売《にうつひめ》神社の神事のひとつで、一年の豊作を祈って毎年一月に行われる。そのルーツは平安時代にまで遡る。田植えの儀式が始まりで、室町時代に今のような狂言の形式になったと伝わる。面と烏帽子の装束をした「田人」や「牛飼い」、巫女姿の「早乙女」などが登場し、狂言風の所作で種まきから稲刈りまでの様子を演じる。お多福の面にもんぺ姿の「田ヅ女」の滑稽なやりとりでは会場から笑いが溢れる。

開催時期 毎年1月第3日曜日
開催場所 丹生都比売神社

写真提供：かつらぎ町観光協会

名手《なて》（紀の川市名手市場）

大和街道の
華岡青洲《はなおかせいしゅう》ゆかりの宿場町

江戸時代、紀州から江戸へ向かう参勤交代の道として、あるいは人々の伊勢参詣道として多くの人々が往来した大和街道。その街道沿いの宿場町の一つが名手宿である。和歌山からちょうど一日行程の場所にあるため、伝馬所や宿が置かれ、往時は多くの旅人でにぎわいをみせていたという。

現在、名手宿のあたりは名手市場と名前が変わってしまったが、町中を東西に走る細い旧街道沿いには、今もなお風情ある景観が残っている。

なかでも目を奪われるのが、名手宿の本陣となった妹背《いもせ》家の邸宅である。江戸時代のはじめから名手の大庄屋を務めたのが妹背家であり、大和街道でも指折りの庄屋であった。今も残るその邸宅の存在感は大きく、周囲の建屋を圧倒する佇まいを見せている。現在の建屋は、一度焼失して享保から宝暦年間に再建されたもので、主屋、米倉、南倉の三棟は国の重要文化財に指定されている。

実は、この妹背家は、隣町である西野山出身の医師・華岡青洲の妻、妹背加恵《かえ》の実家である。妹背家の二女として生まれた加恵は、夫である青洲を献身的に支え、彼が目指していた麻酔薬を完成させるために、自らの体を実験台として使わせた。その結果、三十九歳で盲目となったものの、青洲の深い愛に支えられて六十八年の生涯をまっとうした。この加恵と青洲、そして青洲の母の物語は有吉佐和子のベストセラー小説『華岡青洲の妻』で描かれたので、ご存知の方も多いだろう。

旧名手本陣から旧大和街道を西へと歩く。ゆるやかな下り坂の両側には、虫籠窓のある町家や格子窓の家が時折顔を見せ、なつかしい風情を感じることができる。名手《なて》谷《たに》川にかかる小島橋を過ぎれば、そこはもう青洲の故郷である西野山。妹背加恵が華岡青洲の妻として、あるいはすぐれたパートナーとしてともに人生を生きた青洲の邸宅兼医学所「春林軒《しゅんりんけん》」まではもうすぐ。青洲と加恵の生涯に思いを馳せながら、細い旧街道を歩き続けた。

華岡青洲の妻・加恵の実家「旧名手宿本陣」

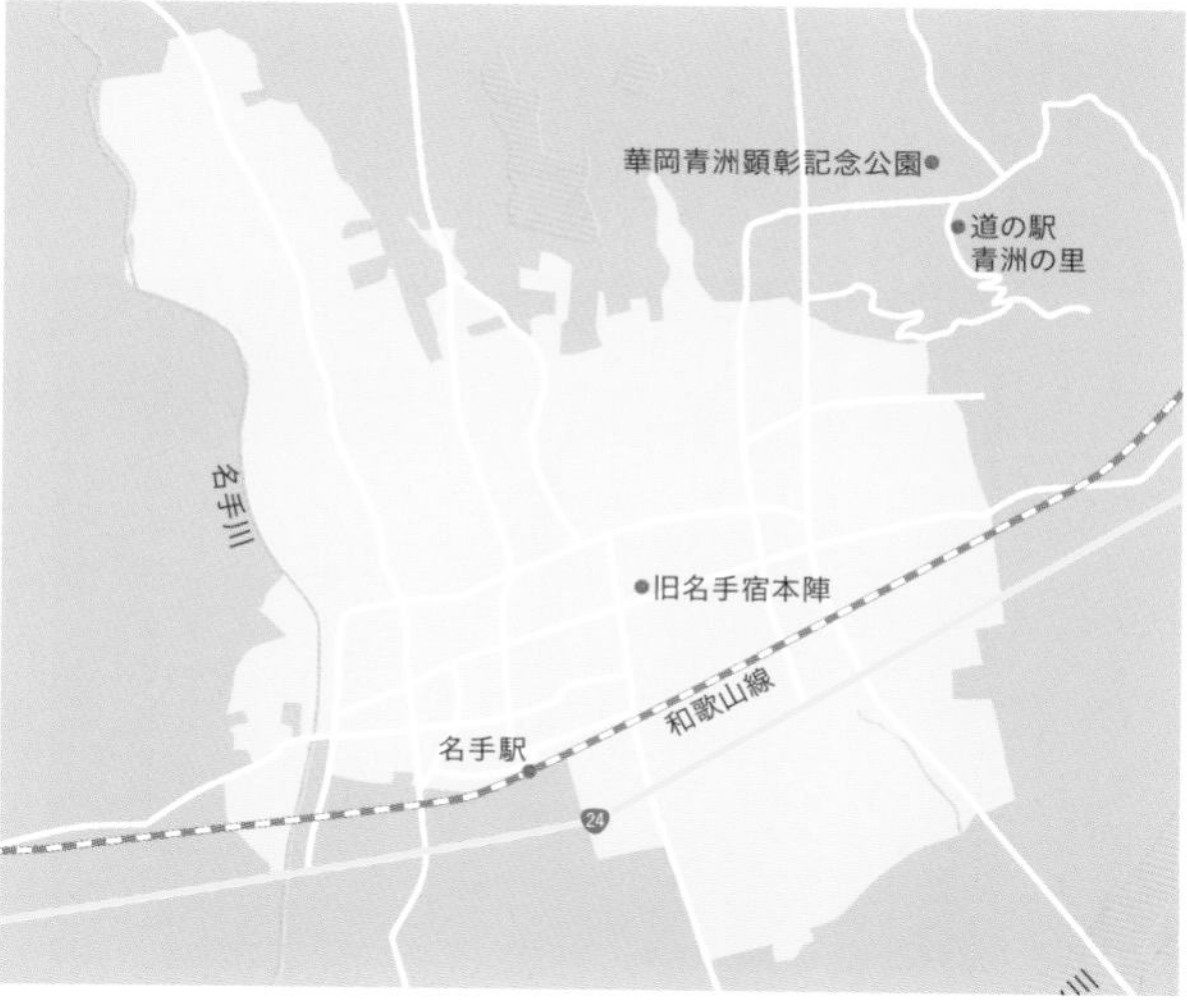

★名手への行き方
JR名手駅より徒歩約5分

著名人の旧宅を訪ねて

華岡青洲居宅「春林軒」日本の医学の発展を支えた医の殿堂

自らの妻と実母を実験台にしてまで麻酔薬の完成に心血を注ぎ、乳癌手術で画期的な成果を収めた医師華岡青洲。類まれな知力と技量によって、日本の医学の発展に大きく貢献した。その青洲が居宅兼病院兼医塾としていたのが、紀の川市西野山にある「春林軒」である。西野山は、江戸時代に華岡家が移り住んだ場所で、青洲の祖父の代から医家となった。

現在の春林軒は、当時のままに残っていた主屋と蔵を移築し、それ以外の建屋を復元したものである。待合室、診察室、奥の間として使用されていた主屋の各部屋には、青洲が初めて麻酔を使用した手術の様子や、麻酔の実験、門弟に講義をする青洲の姿などが人形で再現されている。

春林軒の周囲は、青洲を顕彰するための施設や公園がある「青洲の里」として整備され、多くの人々が足を運んでいる。

住所 紀の川市西野山473
電話 0736－75－6008
開館時間 3月-10月　10：00～17：00
11月-12月　10：00～16：00
入館料 大人600円　小人300円
休館日 火曜日（祝日の場合は翌日）

太地町《たいじちょう》（東牟婁郡太地町）

鯨漁とともに歴史を刻んできた漁師町

紀伊半島の南東部にある太地町は、鯨の町として知られている。

太地町に面する熊野灘は豊かな漁場で、鯨の南下と北上のちょうど通り道にあたり、古くから地元では「鯨が昼寝するところだ」といわれるほど鯨がいたらしい。実際に太地浦あたりでは、体が傷ついたり弱ったりなどして岸辺に近づいてくる「寄り鯨」がよく現れ、それを捕獲していたという。

鯨肉は、縄文時代にはすでに食べてられていたといわれるが、江戸時代までは貴重な食材として扱われ、饗応料理や献上品として使われていた。その後、江戸中期ごろになると鯨食文化が根付き、江戸後期に著された料理書『鯨肉調味方《げいにくちょうみほう》』には、部位ごとに七十以上の料理法が紹介されるほど、身近な食材になったのである。

捕鯨量を飛躍的に高めたのが、慶長十一（一六〇六）年に太地の郷士である和田頼《より》元《もと》が開発した突き捕り法という新しい捕鯨法だった。縄をつけた銛を用い、刺手組五組（五叟の船を一組として五組で漁をする）を組織して捕鯨するものである。さらに、延宝三（一六七五）年には頼元の孫の和田頼治《よりはる》が網による捕鯨を考案。紀州藩の保護もあり、紀州太地の名は、日本一の捕鯨の拠点として広く知られるようになったのである。しかし明治以降、西洋式捕鯨法が外国から導入されると太地捕鯨も次第に衰退。現在は古式捕鯨の伝統を受け継ぎながら、近海での小型捕鯨が続けられているにすぎない。

かつては多くの漁師たちでにぎわった町を歩いてみる。入り組んだ細い路地に格子戸のある木造家屋が並ぶ。しばらく歩いているとあることに気づいた。外壁が薄いピンクやブルーに塗装された家が結構な数、存在するのである。漁村のイメージには似つかわしくないと思い、町の古物商の男性に聞いてみた。どうやら、アメリカやカナダから戻ってきた捕鯨船の船員が、海外で船の塗装に使われていたペンキを持ち帰り、塩害対策のためにそのペンキを家の外壁に塗ったのが始まりだそうである。ペンキが塗られたカラフルな家屋は今もしっかり残っており、和洋折衷の独特な太地の景観をつくっている。ちなみにこの町並みを含め、太地町は平成二十八年に文化庁選定の「日本遺産」に認定されている。

町から少し離れた梶取崎《かんどりざき》には、「くじらの供養碑」が建立されている。捕鯨という鯨の命をいただく仕事に携わる人々が、鎮魂として建てたものである。鯨と共に歴史を刻んできた太地という町の象徴といえるだろう。

夏になると海水浴場としてにぎわうくじら浜

おすすめおやつ

●那智黒

那智勝浦周辺で昔からの定番のお土産といえば、那智黒飴。その工場が太地町にある。熊野地方の特産である那智黒石で作った碁石をかたどって生み出された。工場見学も可能。

「那智黒総本舗」
東牟婁郡太地町森浦438

東明寺にある亡鯨聚霊塔（クジラの供養塔）

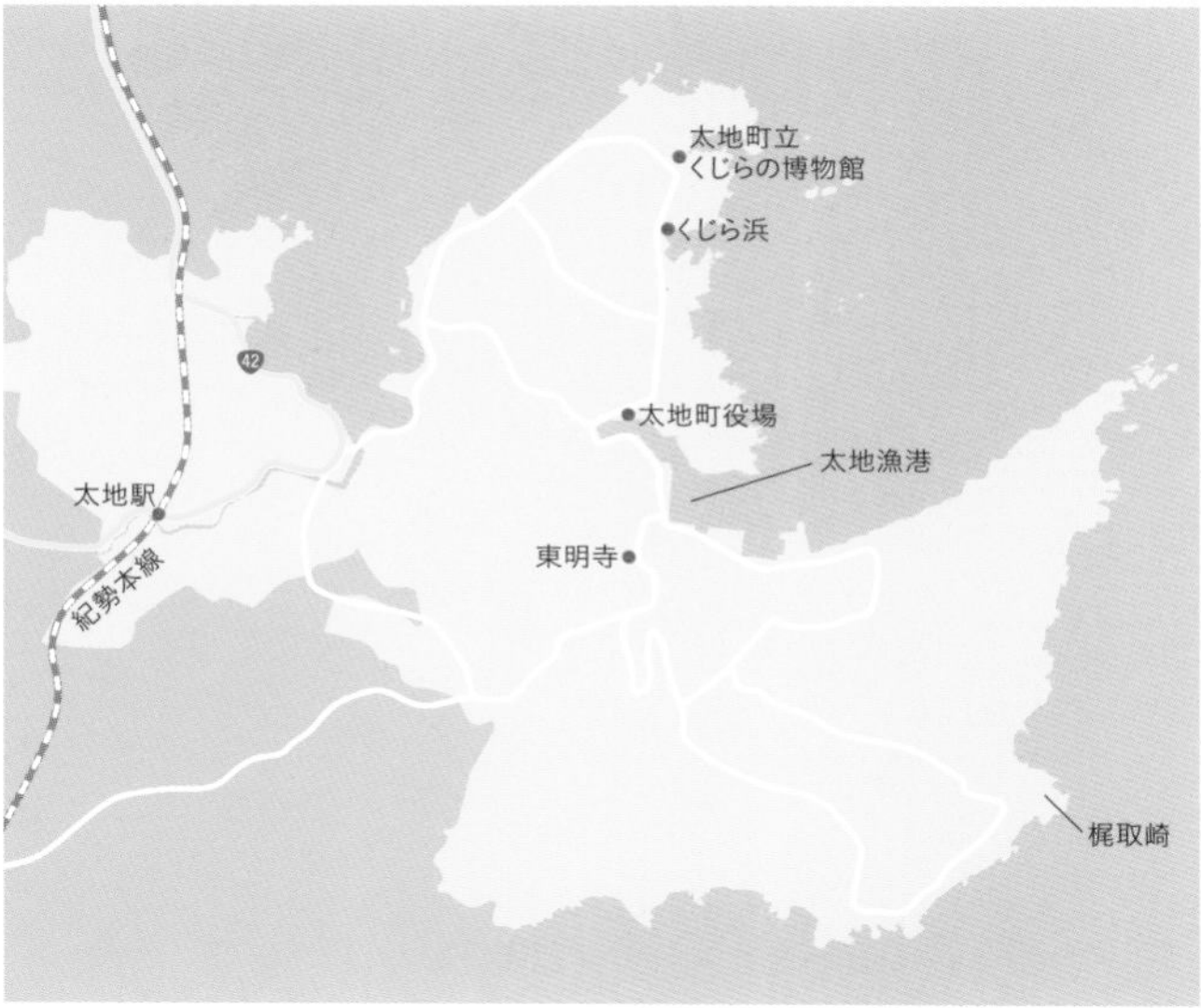

★太地町への行き方
JR太地駅より徒歩約30分

湯《ゆ》の峰《みね》温泉（田辺市本宮町湯峰）

小栗《おぐり》判官《はんがん》伝説が残る世界遺産の温泉

室町時代以降、広く庶民にまで広がりをみせた熊野詣。往時、熊野三山（熊野本宮《ほんぐう》大社《たいしゃ》、熊野速玉大社《はやたまたいしゃ》、熊野那智大社《なちたいしゃ》）へ向かう人々の列は蟻の行列に例えられ、「蟻の熊野詣」といわれるほどのにぎわいだったという。そうした人々が、熊野に詣でる前に湯垢離《ゆごり》場として身を清めたのが湯の峰温泉である。開湯一八〇〇年、四世紀ごろに熊野の国造《くにのみやつこ》・大阿刀足尼《おおあとのすくね》によって発見された日本最古の温泉といわれている。

ＪＲ紀勢本線の新宮駅から車で約一時間、山間の道を進んでいくと川沿いに建ち並ぶ古い湯宿が見えてくる。それらの湯宿を包むように立ち上る湯けむりが、小さな温泉街の風情をより趣のあるものにしてくれている。

河岸には湯筒《ゆとう》が設えてあり、温泉卵や温泉野菜をつくるために多くの温泉客がまわりを囲んでいる。その近くには、一日に湯が七色に変化するといわれる天然の岩風呂

「つぼ湯」。世界遺産のひとつとして登録されている公衆浴場で、歌舞伎などで知られる小栗判官《おぐりはんがん》が蘇生した湯としても知られている。

伝え残る小栗判官照手姫《てるてひめ》伝説によれば、相模の国の横山家の娘である照手姫に恋した小栗は強引に自分の嫁にしてしまう。それに激怒した照手姫の親が小栗を殺害。照手姫も縁切りをされて美濃へ、小栗は地獄へと送られた。そこで閻魔大王の同情をかい、餓鬼の醜い姿にされたものの現世に戻される。首には「この者を熊野の湯に入れれば蘇生する」と書かれた札があった。それを見た高僧は「この餓鬼を引くことは大きな功徳となる」という札をつけた。歩けないために木の台車に乗せられた小栗。何人もの通りがかりの人が彼の姿を憐れみ、代わる代わる車を引っ張った。その中には、小栗と気付かずに台車を引く照手姫の姿もあったという。そうして小栗は、多くの人の手によって湯の峰温泉までたどりつき、つぼ湯に四十九日間入り、見事に蘇生した、という話である。

熊野信仰を広めるための作り話ではあるが、温泉街から少し離れたところには、照手姫が引いた木の車を止めたといわれる「車塚」や、蘇生した小栗判官が力試しに持ち上げたとされる「力石」が残されている。

古の人々もまた、小栗判官伝説を口の端にのぼらせながら、湯けむりがたなびく川沿いを歩き、これから詣でる熊野三山へ思いを馳せていたのかもしれない。

多くの観光客でにぎわう湯筒

温泉街の中心部にある天台宗の寺院「東光寺」

旅館
あづまや

つぼ湯
つぼ湯

あたらしや
民宿あたらしや
専用駐車場

小栗判官ゆかりの「車塚」

★湯の峰温泉への行き方
JR新宮駅よりバスで約80分
湯の峰温泉下車
紀勢道南紀田辺ICまたは熊野尾鷲道路熊野新鹿ICより車で約70分

おすすめランチ

●めはり寿司

紀州、熊野地方に広く伝わる郷土料理であるめはり寿司。高菜の漬物で握り飯を包んだシンプルな料理だが、その塩加減や表面につけるタレでそれぞれの家庭、お店の特徴を出している。

田辺新地（田辺市上屋敷）

百人以上の芸妓がいた一大花街

ＪＲ紀勢本線の紀伊田辺駅から歩いて約十五分、町中を流れる会津川を背にした上屋敷町の一角にあるのが田辺新地である。

大正初期に、町に散在していた料亭などを集めてつくられたといわれる。最盛期には百人以上の芸妓が在籍し、夜毎三味線の音が響く一大花街だったらしい。田辺出身の南方熊楠《みなかたくまぐす》も足繁く通ったといわれている。

数年前までは現役の芸者さんがいて、昔の花街の風情を伝える建物も残っていたそうだが、二〇一三年に火事に見舞われる。いくつかの置屋が焼失し、新地の入り口に掲げてあった「田辺新地」の電飾看板も燃え落ちてしまった。

今では老舗割烹のあしべ本店と元置屋と思われる家屋が残っているだけである。

かつての華やぎを感じることはできないが、雪洞《ぼんぼり》型の街路灯に書かれた「田辺新地」の文字が、この地域一帯が花街であったことを今に伝えている。

30

御坊《ごぼう》（御坊市御坊）

四〇〇年以上の歴史ある小さな寺内町

御坊といえば、道成寺《どうじょうじ》が有名かもしれない。謡曲「道成寺」や舞踊「娘道成寺」などの題材となった「安珍清姫伝説《あんちんきよひめでんせつ》」の舞台となった寺といえば、思い起こす人も多いだろう。この道成寺のある御坊市の地名の由来となったのが、本願寺日高別院《ひだかべついん》という古刹である。

室町時代、この地を支配していた紀伊国亀山城主の湯川直光《ゆかわなおみつ》が大阪での戦いに敗れた時、本願寺の加勢によって生きながらえて無事帰還できたことを感謝して寺院を建立した。それが日高別院の前身である。しかし、天正十三（一五八五）年の豊臣秀吉による紀州征伐の際に焼失。すぐに再建され、その後文禄四（一五九五）年に今の場所に移築されたのが現在の日高別院だ。

次第にこの寺院を中心に町がつくられ、寺内町ができあがっていく。日高別院は

「御坊様」と呼ばれて親しまれていたため、それが「御坊」という地名の由来になったといわれている。

江戸時代になると、寺内町は商業の町としても発展。各地の特産物を扱う問屋などが数多く軒を並べて大いに栄えた。今も当時の面影を残した町家や土蔵のある商家、その後に建てられた赤レンガ塀や古い洋館などが残っている。それらは、江戸、明治、大正、昭和とそれぞれの時代を象徴する建物であり、御坊の町歩きは日本の近代化の歴史をたどるかのような面白さがある。

なかでも目をひくのが、御坊を代表する旧家の邸宅「旧中川邸」、うだつ風の屋号看板が懐かしさを感じる「御菓子司 有田屋」、そして江戸元禄年間創業の醤油の蔵元「堀河屋野村」の重厚な商家、どれも寺内町の歴史を今に伝える建物だ。

しかし、残念なことに閉店してしまっている老舗店も何店かある。有田屋の女将さんが「昔からここにいる人が店をたたんで町を出ていってしまった。このままだと古い建物もいずれ取り壊されてしまうわねぇ」と、町の行く末を気に病んでいた。

四〇〇年以上の歴史をもつ御坊の寺内町。風情ある町並みを、今のまま残していってもらいたいと思うのは、旅人のわがままだろうか。

安珍清姫伝説

熊野権現に参詣するため、奥州の修験者・安珍が紀伊国を訪れた。途中、一晩の宿をとった家にいた清姫という娘が安珍に一目惚れして思いを打ち明ける。安珍は帰りにもう一度寄ると約束するが、そのまま帰ってしまう。裏切られたと思った清姫は激怒して荒れ狂い、大蛇に姿を変えて安珍を追いかけた。道成寺の鐘の中に隠れた安珍を追い詰め、口から炎を吐き出して鐘ごと安珍を焼き殺し、みずからは川に身を投じた。

町家風の店構えが印象的な和菓子店「有田屋」

材木商として栄えた中川家の住宅「旧中川邸」

★御坊への行き方
紀州鉄道西御坊駅より
徒歩約10分

おすすめおやつ

●清姫せんべい

和歌山にはご当地の形、模様を施した様々なたまごせんべいがある。「安珍・清姫伝説」の清姫にちなんだのが御坊の清姫せんべいだ。卵と小麦粉が奏でるシンプルで懐かしい味。

「御菓子司　有田屋」
御坊市御坊113

かつらぎ町四郷《しごう》（伊都郡かつらぎ町）

錦秋の山々を艶やかに彩る茜色の串柿

晩秋の頃、大阪との県境近くにある山里は、陽光に輝く茜色の玉暖簾《のれん》に覆われる。かつらぎ町四郷地区、秋の風物詩ともいえる串柿干しの風景である。

串柿とは、主に正月に飾る縁起物で、三種の神器の一つである「剣」を表しているといわれている。これを元日、雑煮を食する前に食べることを「歯固め」といい、歯とは齢を意味し、齢を固めて長寿を願う風習とされている。ちなみに、三種の神器の「鏡」は餅、「玉」はみかんに見立てられている。

串柿は平安時代にはすでに作られていたといわれており、砂糖がない時代の貴重な甘味として重宝されていた。一説によれば、豊臣秀吉が戦場で串柿を食べて体調が良くなったことを喜び、大阪城で正月の鏡餅に串柿を供えたことが、正月に飾ることの始まりともいわれている。

四郷地区で串柿がつくられるようになったのは四百年以上前のこと。もともと冬場の保存食として作られていた干し柿を、当時の国主がこの地区の特産物にするために推奨したのが始まりらしい。四郷地区があるのは標高約三百メートル。和泉山脈から吹き下ろす冷たい風が吹き抜け、南斜面で日当たりが良いこの地区ならではの産物といえるだろう。

柿は十月中旬に収穫され、十一月初旬に長い串に刺して吊るされる。一本の串に柿は十個。これは両端に二個ずつと真ん中に六個で「いつもにこにこ（二個二個）仲睦（六個）まじく」という意味が込められている。すべて手作業のため、串に刺す作業は家族総出で夜を徹して行われることもあるらしい。現在は、広口、滝、東谷、平の四集落（四郷）で約七十軒の農家が串柿づくりをおこなっている。

見頃は十一月上旬から中旬、錦秋の山々を茜色の玉暖簾がさらに艶やかに彩る。そこには、晩秋の澄んだ青空と相まって、見る者の郷愁をそそる風景が広がっている。ただ、惜しむらくはその四郷の景観を見るためには、かなり急勾配の坂を登っていかなければならない。道も細く、大きな車では上まで登ることができない。最近では、串柿見学ツアーなるものもあるようなので、それを利用した方が得策かもしれない。

★かつらぎ町四郷への行き方
JR名手駅より車で約20分
京奈和道かつらぎ西ICより車で約12分

雑賀崎《さいかざき》（和歌山市雑賀崎）

雑賀衆の根城となった風光明媚な漁村集落

紀の国の　雑賀の浦に
出て見れば
海人《あま》の燈火《ともしび》　波の間ゆ見ゆ
（藤原卿）

古代、万葉集の歌人たちによって愛された和歌の聖地・和歌の浦。古くから風光明媚な地として知られているが、その和歌の浦に雑賀崎はある。「雑賀の浦に出て見ると、波間越しに見える漁の火がゆらめいて美しいことよ」と万葉歌人が詠んだように、穏やかな内海に面した漁村は、今も昔ながらの佇まいと風景を見せてくれる。

山の斜面にへばりつくように家屋が建っているのが雑賀崎の特徴で、路地が縦横に広がり、細い上り坂の両側には古い民家が軒を連ねている。集落の中に一歩足を踏み入れると、集落というよりは、むしろ要塞といった表現が似合うような雰囲気が漂っている。

その昔、この雑賀崎を根城としていた雑賀衆という集団があった。雑賀衆とは、紀伊半島の南西部を支配していた勢力で、紀ノ川周辺の雑賀庄、十ヶ郷、中郷、南郷、宮郷の五つの地域の地侍で構成されていた。もともとは生活の共同体のようなものだったが、次第に海運や貿易を営むようになり、さらにはこの地の水軍を掌握し、いち早く鉄砲を武器として取り入れるなど、軍事に長けた傭兵集団になっていく。

この雑賀衆が歴史の表舞台に登場するのは戦国時代、織田信長が石山本願寺を攻めた石山合戦である。本願寺側についた雑賀衆は天才的な鉄砲の使い手であった頭領の鈴木孫市《まごいち》のもと、信長の軍勢を苦しめた。信長をして「雑賀衆を倒さねば」と言わしめるほどの力を見せたのである。

しかし、十万もの兵を送り込まれたその後の紀州征伐で雑賀衆は弾圧され、孫市も降伏する。その後、孫市は秀吉に仕え、鉄砲大将として関ヶ原の戦いでも活躍した。この孫市と雑賀衆の活躍は、司馬遼太郎の『尻啖え《しりくらえ》孫市』で広く知られるようになった。残念ながら雑賀崎やその周辺に、孫市を忍ぶ史跡や遺構は何も残っていない。

夕暮れ時、雑賀の漁港を歩くと、海に沈む夕日を眺めることができる。夕日に照らされて鈍く光る雑賀の集落と波立つ海は、万葉歌人たちがその美しさを詠んだときのままに、今もそこにある。

理容

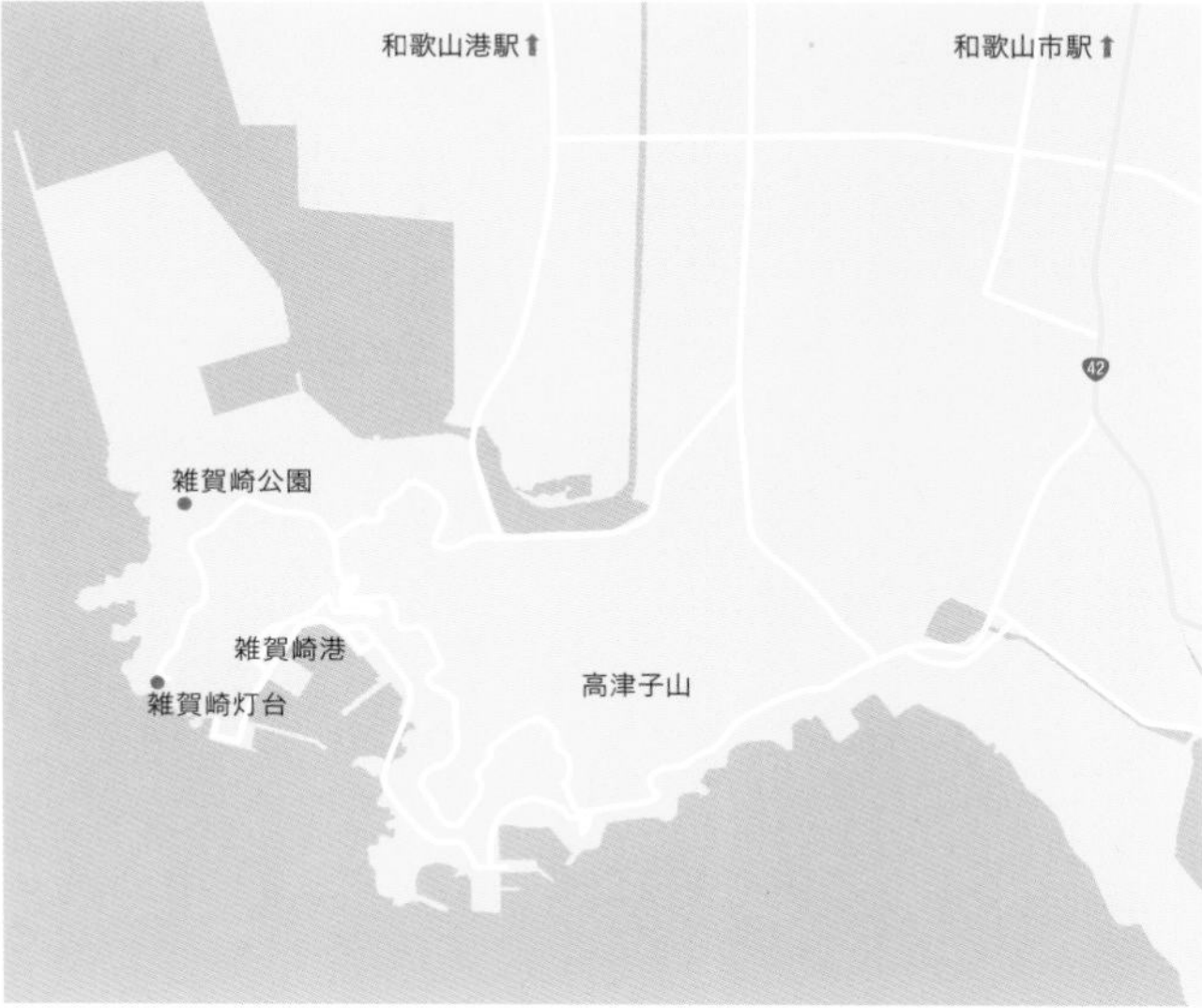

★雑賀崎への行き方
JR和歌山駅よりバスで約40分
雑賀崎遊園下車
南海和歌山港駅より徒歩約60分

ノスタルジック商店街

ぶらくり丁商店街（和歌山市中ノ店）

紀州一の繁華街だった歴史ある商店街

和歌山城下にあった横丁が天保元（一八三〇）年の大火で焼失。その横丁で商売をする許可を得た商人たちが店を出したのが、この商店街の始まりといわれている。「ぶらくり」という名の由来は、商店の間口が狭い店が多かったために、商品をぶらくって（吊り下げて）いたからという説と「ぶらぶら歩く」が由来であるという説がある。

現在は、ぶらくり丁、中ぶらくり丁、東ぶらくり丁、北ぶらくり丁などの商店街を総称して「ぶらくり丁商店街」と呼ばれている。

昭和初期には、大阪のミナミと肩を並べるほど盛況で、買い物客が多くてまっすぐ歩けないと言われたほどだった。しかし、ＪＲ和歌山駅と南海和歌山市駅から離れていることなども影響して、一九七〇年以降から徐々に衰退。二〇〇〇年以降も閉店を余儀なくされる店が続いたが、ここ数年は商店会を中心に地元に密着した特色ある商店街をめざし、さまざまな取り組みを行なっている。

江戸時代、紀州藩最大の繁華街として知られた「ぶらくり丁」界隈。いつかまた多くの買い物客でにぎわうことを期待したい。

ぶらくり丁
もしあなたが10歳
若く見えたら・・・
スクランブル式
ZERO
チンタイ
初期費用・退去時費用がすべて0円
0120-470-850

洋装
リラー
ぶらっと
ゴトウ

SHUKO
菊屋
880

湯浅町湯浅（醸造町）

平成18年12月9日選定

和歌山県の有田地方の中心地として栄え、醤油醸造発祥の地といわれるのが湯浅である。保存地区に指定されているのは東西約四〇〇メートル、南北約二八〇メートルの街区。北町通り、浜町通り、中町通り、鍛冶町通りの四本の主要街路といくつもの路地が網の目のように伸びており、それぞれの通りに醸造関係の町家や蔵などが昔のままに残っている。特に、北町通りには湯浅醤油の老舗「角長」をはじめ、醤油蔵や金山寺味噌の醸造蔵が軒を連ね、昔ながらの醸造町の風情を色濃く漂わせている。

おすすめランチ

●天ぷら定食

ランチから会席まで、地元に愛される店つかさ。旬の素材を美味しく食べることにこだわった天ぷらは、店内に「天ぷらに命をかけてます」と掲げるほどの一品。ぜひご賞味あれ。

「お食事処つかさ」
有田郡広川町広420-3

ふるさと再発見の旅　近畿2

2020年9月15日　第1刷発行

撮影　清永安雄
原稿　志摩千歳（奈良）
佐々木勇志（三重・和歌山）
編集　及川健智
地図作成　山本祥子

デザイン　松田行正・杉本聖士（マツダオフィス）

発行　株式会社産業編集センター
〒112-0011
東京都文京区千石四丁目39番17号
TEL 03-5395-6133　FAX 03-5395-5320
https://www.shc.co.jp/book/

印刷・製本　株式会社シナノパブリッシングプレス

ISBN978-4-86311-265-0　C0026
Printed in Japan